图书在版编目（CIP）数据

改变人生的综合免疫力：你的健康、财富、情绪，
都免疫了吗？ / 小野著. -- 天津：天津人民出版社，
2020.9
　　ISBN 978-7-201-16384-0

　　Ⅰ.①改… Ⅱ.①小… Ⅲ.①自我管理－通俗读物
Ⅳ.①C912.1-49

中国版本图书馆CIP数据核字(2020)第157509号

改变人生的综合免疫力：
你的健康、财富、情绪，都免疫了吗？

GAIBIAN RENSHENG DE ZONGHE MIANYILI
NIDEJIANKANG CAIFU QINGXU DOU MIANYI LEMA

小野　著

出　　版　天津人民出版社
出 版 人　刘　庆
地　　址　天津市和平区西康路35号康岳大厦
邮政编码　300051
邮购电话　（022）23332469
网　　址　http://www.tjrmcbs.com
电子信箱　reader@tjrmcbs.com

责任编辑　玮丽斯
监　　制　黄　利　万　夏
特约编辑　路思维　吴　青　张　秀
营销支持　曹莉丽
装帧设计　紫图装帧

制版印刷　艺堂印刷（天津）有限公司
经　　销　新华书店
开　　本　880毫米×1230毫米　1/32
印　　张　6.5
字　　数　80千字
版次印次　2020年9月第1版　2020年9月第1次印刷
定　　价　49.90元

改变人生的综合免疫力

综合免疫力

你的健康、财富、情绪，都免疫了吗？

小野 ◎ 著

天津出版传媒集团

天津人民出版社

人生是一条单行道，既然无法往回走，
那就迎难而上，创造属于自己的人生奇迹吧！

目录
Contents

Part 1

综合免疫力
是人生的核心竞争力

Part 2

健康免疫力
你的身体，是一切美好的开始

Part 3

财务免疫力
若你又美又有钱，何须患得患失

Part 4

情绪免疫力
做个内心强大的成年人

Part 5

终身受益的自我管理
没事早点睡，有空多挣钱

综合免疫力
是人生的核心竞争力

免疫力：
真正的免疫力，是强大的内心

人生就是一场战斗，生活处处是战场，每个人都是迎难而上的战士。 2020 年初，新型冠状病毒肺炎的爆发将我们推向了与病毒搏斗的生死战场。一时间，人人自危，唯恐病毒的魔爪伸向自己和身边的人。

此刻，免疫力就是战斗力。尤其对那些已经感染病毒的患者来说，除了医生的救治，自身强大的免疫力是他们通过这一生死关的唯一筹码。

对于宅家不能出门的大多数人，不管身体的免疫力有多么强大，也都无法将自己置之度外。即使远离抗争一线，我们也面临着疫情带来的考验。这种考验虽然看不见、摸不到，不会给我们带来生理上的不适，却使我们的内心备受煎熬。

内心煎熬的痛苦与身体上的病痛一样，都是鞭笞生命和灵魂的酷刑。**一个人真正的免疫力，不仅来自健康的体魄，更源于强大的内心。**

　　想知道自己的免疫力够不够强，不妨问问自己以下几个问题：长时间在家不能出门，你是否因为无所事事而焦躁不已？与家人前所未有地连续十几天 24 小时相处，你是否能控制好自己的情绪与家人保持和睦？面对铺天盖地的疫情播报，你是否会感到焦虑不安？在不能复工的日子里，你有没有对职业生涯感到忧心忡忡？物资短缺、物价上涨，你的内心和你的钱包是否同样坚挺？在可以自由支配的时间里，你是否依旧保持着规律的作息？

　　面对突然变长的假期，有的人迷失了自己生活的重心，无法妥善安置自己的情绪，感到空虚无聊，因此过度地关注疫情发展，使自己变得焦虑不安。不得不说，这场疫情给了你我一个自我审视的契机。也许你从不认为自己的免疫力微弱不堪，但在疫情面前，你的免疫力问题显露无遗，不管是生理的，还是心理的。

　　然而，在这个不寻常的春节假期里，有人精进了厨艺，把自己和家人喂得胖了一圈；有人读完了书架上从前来不及读完的书，完成了半年的阅读指标；有人迷上了拍 vlog（视频日记），不仅学会了使用视频剪辑软件，还慢慢研究出了自己独特的视频风格；有人利用难得的大把连续的时间做手工，做了很多好看的首饰；有人选择放下手机，珍惜和家人相处的温暖瞬间；有人深度研究了几个旅游路线，打算疫情解除后，带着家人畅游一番……**在这些人身上，我们看不到疫情的阴霾，只看到了对生活持久不衰的热爱和丰满有趣的灵魂。**

2020 年 1 月 23 日，日本花艺大师三宅智逝世，她在留下的最后一封信中说："请偶尔记起我，我喜欢豆子，喜欢矢车菊，还是偶像组合'岚'的狂热粉丝（我到底多少岁）。"她把终结自己生命的癌症比作自己的"男朋友"，说自己和"男朋友"交往的时间非常宝贵，说自己过完了幸福的一生。那个喜欢眯眯眼、总是带着温暖微笑、自带反差萌的三宅老师，在生命的最后时光，依然保持着内心的宁静与热情。

简单而庄重，温柔却坚定——这是学员们对三宅老师的评价。有一次，三宅老师的课程临时取消，在下次课开始的时候，三宅老师用一贯平静的语气跟学员们解释上次课程临时取消的原因并道歉。原因竟是三宅老师的丈夫去世了，她第一次忘记了自己的上课时间。解释并道歉完毕，三宅老师开始一如既往地上课，学员们却震惊得说不出话来。

坦然乐观地面对疾病和死亡，体面从容地应对人生中的重大变故，然后如常地生活和工作，三宅老师本人就像她的花艺作品一样，散发着狂野自由的生命力。身躯瘦小的她，满载着鲜活的生命力，在面对人生变故时，也能拥有强大的免疫力，也正因为如此，她才能用很短的时间做出植物版诺亚方舟式的巨型花艺。那些三宅老师教会我们的事，值得我们铭记一生。

花朵如斯而来，便让它如斯而美，这便是三宅老师的插花智慧。唯恐自己不能还原花朵来时的美丽，因此，比起瓶插花，我更喜欢野蛮生长的花朵。

楼下的蜡梅尚在花期，每天打字或看书累了，我便站在阳台上欣赏那几棵黄灿灿的花树。并不粗壮的蜡梅树在满目凋零的花园中一枝争春，朵朵小花在寒风中展动双翼，乍看下好似将要振翼飞起的黄色蝴蝶。打开窗户，一阵风吹来，蜡梅的香气也随风飘了进来，身体和心理的疲累一扫而空，大脑瞬间重启，比咖啡还要提神。

在凛冽的寒风中萌发新芽，甚至开出新的花朵；在周围植物都凋零的情况下兀自开放；在无人驻足欣赏的角落里散发着迷人的香气。古人歌颂梅花的诗词数不胜数，多为咏叹梅花的高洁或者称颂梅花的坚毅。这是梅花进化了多少年才淬炼出的强大免疫力！

美国诗人杰克·吉尔伯特写道："我们是世界上仅有的知道春天即将到来的生命。"我想并非如此，比如我家楼下花园里的蜡梅，它同样清楚地知道，只需挨过短暂的寒冬，春天就不会缺席。

一个人真正的免疫力，不仅来自健康的体魄，更源于强大的内心。

生理上的免疫力弱，只需均衡饮食、适度运动即可。但倘若心理上的免疫力弱，你就需要给自己打一针强心剂了。因为一个人真正的免疫力，来自内心。**想要保持强大的综合免疫力，你需要保持清醒的头脑，调整好自己的生活节奏，关爱自己和家人，不要放弃自我提升，照顾好自己的心情和感受，方能找回自己的生活重心，妥善地安放自己的情绪。**

人生是一条单行道，既然无法往回走，那就迎难而上，创造属于自己的人生奇迹吧！最后，愿每个人都能淬炼出一身强大的免疫力，就算经历风雨无数，仍然保持初心，相信未来，相信希望。待雨后天晴，拥抱一个温暖灿烂、充满希望的艳阳天。

平衡力：
一切问题的答案，都要从自身寻找

古人讲，圆满的人生乃是内心安宁的，而内心的安宁来自阴阳平衡、顺应天人，可谓"一阴一阳之谓道，一捭一阖之谓术。道讲究平衡，术关乎成败"。顺达通透之人一定保持着内心的平衡，一旦出现问题，便是平衡被打破了，而解决问题的过程便是重塑内心平衡状态的过程。

一个人抵抗外界细菌或病毒入侵的免疫力，便是他所适应的平衡，平衡的水平因人而异，但殊途同归。所谓"正气内存，邪不可干"，内心的调和与平衡铸就一身正气，外邪自不可入侵。不论外面的世界如何变化，维持身体和内在心理的平衡，提升自己的综合免疫力，我们才能在前行路上所向披靡。

然而，**人生不如意十之八九，我们前行的道路总是曲折的，**

**有人能够轻松摆平一切，有人却画地为牢，踟蹰不前。差别在
于我们解决问题的方向——是向内的还是向外的。向内解决问
题就是寻找自身的不足，强大了自己，问题自然迎刃而解；相
反，向外找寻问题的原因就是忽略了自身的不足，最后不过是
自欺欺人，问题永远得不到解决。**

我一位大学同学的丈夫 P 先生，前一年还是叱咤风云的广
告公司老板，自从大学同学怀孕后，便把公司完全交给合伙人，
自己在家照顾媳妇，孩子出生后，更是在家当起了全职奶爸。
当时，他的公司被很多投资人看好，广告行业也并非不景气，
因此朋友家人多对 P 先生的行为表示不解，甚至有人怀疑 P 先
生得了什么不治之症才会这样做。然而 P 先生自己却很满意现
状，一脸幸福地带孩子、做饭、干家务、逛菜市场，美其名曰
"一次成功的跳槽"。

P 先生说，之前他一直在思索一个问题——如何平衡生活
与工作之间的关系，如何建立生活与工作的界限感。其实，在
大部分时间里，这个问题的答案都是混乱的，他无法明确找到
生活与工作之间的界限。单身的时候朋友抱怨他，要么开会，
要么出差，喝酒、打球都约不到他。结婚以后他也很少准点下
班，手机 24 小时开机，经常正吃着饭呢，工作电话又打了进
来。谁也不是三头六臂的神仙，P 先生始终无法找到平衡工作
与生活的方法。

人生不如意十之八九，
我们前行的道路总是曲折的，
关键在于我们解决问题的方向。

后来，P先生明白了，其实生活和工作之间的平衡是动态的，绝不是单纯的时间分配那么简单。与其厘清生活和工作之间的界限，不如建立内心的平衡，找到既适应现实情况又符合自己期望的生活方式。在P先生看来，全职奶爸也是一种职业，他每天的工作就是打扫房间，陪孩子看动画片、玩乐高、玩拼图，去菜市场买菜，每天听菜贩子用方言讲他们的生活，还练就了一手好厨艺，一家人其乐融融。不管别人怎么看，P先生每天都觉得成就感满满，自我满足感比当老板时还高。

世界上最无效的努力，便是试图寻找生活与工作的平衡。大多数人口中的生活与工作之间的平衡，不过是在两者之间来回妥协。**向外找平衡只会徒增压力，向内寻找自身的平衡才是成就一番蜕变和成长的正确途径。**

诚然，我们遇到的大多数问题都没有绝对完美的解决方案。当我们受困于问题的重重迷雾中时，保持内心的平衡，跳出传统的思维框架，向内寻求解决问题的方式，才更为必要。突破自身的局限，找到自己的痛点和缺陷，不断地修正，成就一个更强大的自己，问题自然会迎刃而解。

去年公司来了很多应届毕业生，年终总结会上，公司领导请年度最优秀员工给职场新人传授些职场经验。其中，令我印象最深刻的一条是：如果你遇到了问题，或者想要有所突破，不妨给自己建立一种"向内求"的思维方式——凡事先在自己

世界上最无效的努力，
便是试图寻找生活与工作的平衡。

身上找原因。

可惜很少有人能客观地看待自己，大多数人总是抱怨来抱怨去，唯独看不到自己的问题。整天抱怨上司不能领会自己的意思，抱怨老板的眼光有问题，抱怨团队里某些成员拖了后腿，抱怨甲方太蠢无法沟通……总之，所有问题都是别人的错，自己什么问题也没有。如此下去，人只会原地踏步，就连每天抱怨的说辞都是千年不变的老一套，蜕变和自我突破更是天方夜谭。

"向内求"，也就是自省，是解决问题和实现自我突破的起点。日本经营之圣稻盛和夫就将《六项精进》一书的重要指导"自省"，写进了公司的员工培训手册里。

人总是在不断打破平衡又重塑平衡中成长的，世界上有很多道理等着我们去"悟"，与其一直向外抱怨，不如及早向内自省。更重要的是，这个过程只能依靠自己，职场如此，人生更是如此。当然，这一切的前提都是维持好我们内在的平衡。倘若没有一颗平衡笃定的心，没有能够面对困难的综合免疫力，那么当平衡被打破、问题层出不穷时，我们仍旧不会有解决问题的动力和效率。

　　人们常说，懂茶的人不会焦虑。因为茶道讲究以茶为媒，承袭传统茶道、唐宋茶人师祖的茶事风雅，寻求内心的宁静与平衡。

　　人就像浮在水面上的茶叶，心中有平衡的香气，方能平稳地沉下来，不至于随波逐流。在繁忙和喧嚣中，我们踽踽独行，为生计、为梦想奔波不停，如能安静下来，沏一壶茶，闻一闻茶香，品一品茶味，不失为滋养身心的一种方式。让我们的心在快节奏的生活中慢下来，找到快与慢之间的平衡，滋养出一个精进而笃定的灵魂。

思考力：
深入思考一次，胜过简单重复努力一百次

管理学大师彼得·德鲁克曾说："如果你的工作，别人只要花时间花精力就能完成，那你充其量是个体力工作者。"

所谓的"体力工作者"在生活和工作中很常见，他们看起来忙忙碌碌，忙到起早贪黑、身心俱疲，但升职加薪还是跟他们半毛钱关系都没有。看到同龄人的进步和发展，他们要么用满腹牢骚来发泄自己的不满，要么用自我感动来平衡自己的不忿。

然而有些人，他们从来不加班，从来不把工作带回家，年假一天不落地休，却还是能够按时、按量、按质地完成工作，在职场上混得风生水起，生活上也过得恬然自得，做到了事业家庭两得意，成就感和幸福感满满。

其实这两者之间不过一步之差，那就是对工作的深入思考。独立深入地思考一次，搞清楚事物的本质，分清问题的轻

重缓急，挖掘出解决问题的思维模型，胜过简单重复地努力一百次。

　　一个朋友自立门户开了一间建筑设计工作室，等到工作室渐渐步入正轨后，他招了两名应届毕业生 A 和 B，让他们先从设计助理开始做起。一年后，A 升职加薪，并且已经能够独立接手案子了，而 B 还在原地踏步。B 很不甘心，他认为自己和 A 一样地加班画图，理应获得同等的待遇。

　　朋友给 B 看了 A 的工作日志。原来 A 从参加工作开始就建立了自己的工作日志，完整地复盘记录了每一个案子，用蓝色字体记录案子的具体内容和甲方要求，用红色字体记录自己在设计工作中出现的问题以及误区，用绿色字体记录设计工作中改进的部分和自己的思考和启发。

　　一次次的复盘和反思让 A 迅速成长，他甚至总结出了甲方的几种需求心理模式，所以才能够精准地理解和预测甲方的需求，在短时间内做出初步的设计方案，不仅大大提高了工作效率，还帮我的这位朋友成功拿下了几个案子。而 B 每天只知道机械地画图，从未深入地思考过，充其量只是个熟练的画图工。这样的人不仅不会有升职加薪的机会，反而处于随时会被新人替代的危机之中。

　　B 了解了 A 成功的原因后，也建立了自己的工作日志，记录自己经手的每一个案子，并做出分析和总结。又过了一年，A再一次升职加薪，B还是原地踏步。B不解，再次质问原因，于是朋友拿出A的工作日志给他对比。同样是工作日志，B的日志仅流于形式，思考也只是表面性的，肤浅而片面；而A的工作日志多了很多不同颜色的小标签，他已经给不同的案子做了类别划分，即使是已经结案很久的案子，他也用不同颜色的文字和图表将新的思考和反思加在上面。朋友把A的工作日志作为范本，给全工作室的人参考。

世上大多数忙忙碌碌却一直在原地打转的人，都是因为他们不懂得思考。每结束一个案子，及时地进行深入复盘和反思，才能够让自己快速成长。

B虽然效仿A也建立了工作日志，但只是形式化地思考，缺乏深度分析。而A的思考是深度的辩证思考，深入细化问题，从一个点开始，进行客观、全面的分析。

肤浅片面的思考就像我们所说的念头、想法，往往只是瞬间性的，是一个个分散的静态的点，无法形成一个动态联系的全局。从真正意义上说，这只是大脑本能的浅层活动，根本称不上是思考。**而深度思考是一种持续的状态，只有在持续思考的状态下，我们才能不断地接近事物或问题的本质，直逼解决问题的答案。肤浅片面地思考、重复简单地努力只能让你原地打转，陷在问题的怪圈里走不出来。**

在这个信息爆炸的时代，保持深度思考的能力能让我们免于淹没在无尽的信息海洋中。每天，当我们打开手机、电脑，各种刷屏的热点新闻扑面而来，从明星的花边新闻、八卦消息到社会上出现的重大问题，从各家自媒体的评论陈述到官方的权威观点，东家一言，西家一语，舆论的漩涡从未停止过。面对层出不穷的信息，你是否盲从过？是否还能保持自己独立的判断？

接收到的信息多了，人们便会产生一种自以为是的错觉。在这种情况下，深度思考的能力能提醒你时刻保有独立的认知，使你不至于沦为被媒体操纵的木偶。深入思考一次，胜过搜集别人的观点和评论一百次。面对应接不暇的信息，我们很容易忘记问题的本质，变成一个失去自己独立观点的信息搜集者。而深入的思考可以帮助你甄别信息的真假，跳出片面的立场，厘清内心映射的情绪，从而一步一步靠近问题的本质。

经常进行深度思考，让自己形成持续思考的习惯，这个习惯映射到自我探究中，便是更深刻的自我觉知。

在试图了解别人之前，我们首先要做的是了解自己。这并非我们一生下来就拥有的本领，需要经年累月的练习，经历得多了，思考得多了，才能有深刻的自我觉知。

比如，真正有才华的人，即使性格内向，不善交际，即使

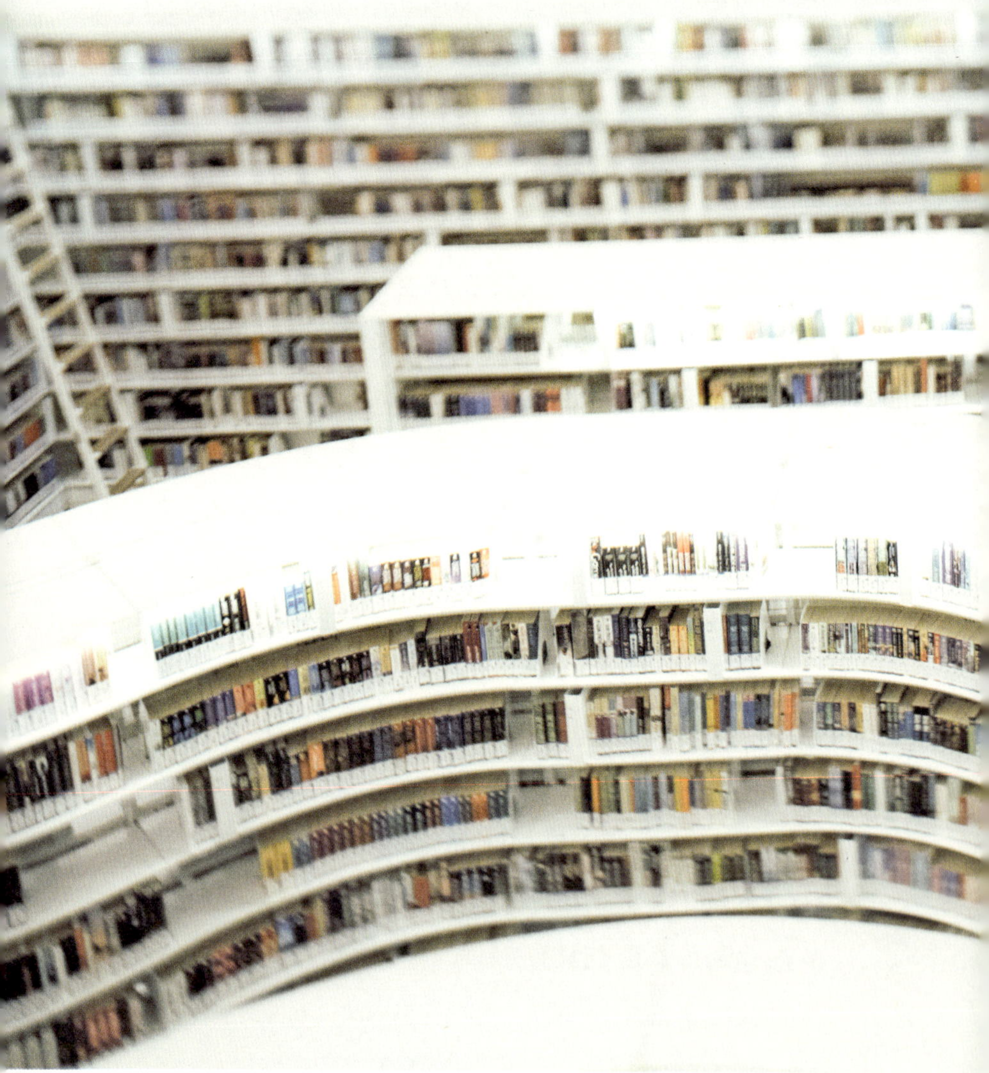

深入思考一次，胜过简单重复努力一百次。

默默无闻，无人知晓，他们也丝毫没有自卑感。因为对自我探究的深度思考让他们清楚地知道自己的能力并不比别人差，知道自己能做到什么程度，知道自己能走多远。

再比如，在一段亲密关系中，每当出现问题，人们往往认为对方才是做错的那一个，这样一来问题永远都解决不了。深度思考能够让你在问题发生时首先觉知到自己的不足，找到问题的源头所在，然后，你才能心平气和地与对方沟通，修复亲密关系中的裂痕。

每个人的心中都藏着一个更强烈的自我，这个"更强烈的自我"会让我们很难心平气和地面对我们不喜欢的或未知的事物，这时就需要深度思考来帮助我们进一步探寻答案，找到属于自己的处世之道，从而拥有更加丰满、蓬勃的人生。

如果你发现自己现有的认知无法让你进行深入思考，除了像海绵吸水一样贪婪地学习，你还可以尝试下面的方法：

1. 持续地质疑和发问。

数学教育家波利亚说过，任何一个问题都可以让我们无限地探究下去，从而帮助我们形成长期的、一贯的思考路径。

深度思考的第一步就是质疑和发问。当然，我们不能为了质疑而质疑，要真正地为解决你心中的疑惑而发问。而且不能只向自己问一个问题就觉得足够了，要持续地问下去，直到产生答案为止。在面对同一件事情、同一个问题时，深度思考常常能让你找到更好的解决方式。

2. 保持好奇心，大量吸收信息。

好奇心促使我们去主动探索未知的事物，对于陌生领域和复杂问题，我们尤其需要在思考的同时保持强烈的好奇心，在思考的过程中，不断接纳和吸收各种信息，包括自己经历过的事情、读过的书、与别人的交流等。有了这些辅助信息，再进行思考，接纳输入的信息，形成思维循环，直到洞察问题的本质，得到解决的方法。

3. 保持情绪稳定。

湖面清澈平静时，我们才能看清湖面上的倒影。同样，我们只有在心静如水的时候，才能观照到问题的本质。稳定的情绪就像清澈平静的湖面，没有了坏情绪的干扰，我们往往更容易看清问题的本质。

人生最大的悲哀就是无法进行深度思考，把聪明的头脑白白耗费在了庸庸碌碌的日常中。**深度思考是一种能力，虽然它不是成功的唯一捷径，却能让你免于无数次地重复做无用功。**无论是遇到问题、面对超载的信息，还是深化自我觉知，深度思考都能让你直抵事物的核心。

如果现在你还未真正意识到深度思考的魅力，那么你真的有必要给自己留出片刻时间，好好做一番思考了。

通透力：
你真的打算凑合着过一生？

你永远无法叫醒一个装睡的人，就像你永远无法叫一个不肯吃药的人按时吃药。

闺密歪歪从小就不喜欢吃药打针，每次出现感冒、发烧等小毛病，父母逼着吃药她就用各种借口逃避，直到小毛病变成大毛病，才恹恹地被父母拖着去医院挂盐水。长大后的歪歪依然不喜欢吃药打针，感冒了、发烧了，凑合整点红糖姜水喝喝；咳嗽了，凑合煮点冰糖雪梨；若是还没见好转，就觉得是喝得不够多。这让跟她生活在同一个城市的我操碎了心，因为每次歪歪都是病得起不了床的时候才给我打电话："小野啊，我可能快不行了，你赶紧来看看我吧！"

每次接到这样的电话，我都会买好药去跟她住几天，照顾她，每天看着她把药喝下去，直到病情转好。因为我知道，我一走，歪歪又会把药扔在一边。你永远无法叫醒一个装睡的人。

明明知道自己生病了，还不好好吃药，这多少有点讳疾忌医的意味，但更多的，是不敢直面自己生病的事实，凑合着假装自己没有生病，自以为精神的力量能抵抗疾病，不需要吃药。

有一次，歪歪在出差的途中感冒并发烧了，她依然凑合冲了点红糖姜水，所幸体温恢复了正常，没有其他不适，但是却一直咳嗽不止。回到家后，父母唠叨她要吃药，这样咳嗽才能好起来，但是歪歪只吃了两天，就以"不管用"为由推托掉了。

再到后来，歪歪再次发烧，在家突然晕倒了，她才意识到问题的重要性，赶紧去了医院。医生说，那是由于高烧不退，脑血管痉挛引起的大脑短暂性缺血，幸好没什么大碍。歪歪这才意识到，这次真的不能凑合了，以后也不能凑合了。**凑合对待自己和生活的人，缺乏过好生活的通透力，更缺少面对纷繁变化的环境的综合免疫力。**

如果你身边也有这样的朋友，你会发现他们不仅对自己的身体凑合，在其他大事小事上他们也会凑合。比如，在穿衣打扮上，他们总是觉得自己穿着舒服就好了，不必讲究什么穿衣搭配；在吃饭问题上也是，觉得自己下厨做饭太麻烦了，街边满是小吃摊，凑合着吃点就好；房子反正是租来的，何必费尽心思地装饰装修；工作凑合完成就好，领导对自己评价平平也没有关系，出了问题自有人冲在前面，自己无须全力以

人人都有惰性，凑合着过生活太容易了。
在哪里跌倒了，就在哪里躺下，得过且过，
这样永远做不了自己的主人。

赴；感情上也是凑合找个合适的伴侣过日子就好，爱不爱的不重要……

有人说这是难得糊涂，我深不以为然。**难得糊涂并非真的糊涂，也不是凑合，那是通透之人才能达到的境界**。一个有通透力的人，是看过繁花，经历过人生的酸甜苦辣后，依然保有一颗纯真的心的人，他们向真、向美、向善，做自己的主人，对该认真对待的事绝不凑合。比如在对待病痛这件事上，真正通透的人往往比谁都清楚自己的身体状况，他们懂得坦然地面对病痛，正确判断自己是否需要吃药，是否需要就医，绝不凑合。

人人都有惰性，凑合着过生活太容易了。在哪里跌倒了，就在哪里躺下，得过且过，这样永远做不了自己的主人。"凑合"这种心态就像温水煮青蛙，在温水里悠然自得，习惯了舒适的安全区，等到水温升高到无法忍受的程度时，已经心有余而力不足，想跳也跳不出来了。所有人都会跌倒，跌倒了，就用尽全力站起来，从跌倒的地方重新开始，柳暗花明，前方又是一片繁花似锦，如此人生才真正开始豁达、通透起来。

众所周知，村上春树先生既是出色的作家，也是一名资深的马拉松跑者，参加过多次全程马拉松。要达到这样的境界，需要经历怎样的艰辛。在村上春树先生的《当我谈跑步时，我谈些什么》中，村上先生讲了许多跑马拉松的经历。他写道，在夏威夷练习跑马拉松的时候，每天坚持跑十千米。在难以忍受的炎热天气里，满身淋漓的汗水，加上无风天气里海上飘来的雾气，就像潮湿的薄布包裹住人的躯体。因为日晒，全身上下的皮肤火辣辣的疼，头脑变得朦胧恍惚，人都无法完整地思考任何一件事。但是，村上先生也写道，在坚持跑完每天既定的十千米后，"觉得仿佛所有的东西都从躯体最深处挤榨了出来，一种类似自暴自弃的爽快感油然而生。"那是只有不顾一切坚持下来的胜利者才会感受到的喜悦。

村上先生的这种幸福感，凑合过生活的人是无法理解的，因为在他们眼里，村上先生已经是名声大噪的小说家了，何必再折腾自己受苦受累地跑马拉松呢？习惯了凑合过生活的人只能看到表象，无法理解村上先生对生活、对人生、对自我的思考，那是一种通透豁达的人生境界。村上先生说："正是跟别人多少有所不同，人才得以确立自我，一直作为独立的存在。"对小说和跑步的坚持，便是他确定独立自我的坐标。

凑合地面对人生，始终保持凑合的态度，付出凑合的努力，最后只能让自己随波逐流，成为面目模糊、麻木不仁的"无脸人"。你真的甘愿凑合着过一生吗？**如果你也有一两件可以让你确立自我价值的爱好或兴趣，别犹豫，别凑合，坚持做下去，你会体验到前所未有的快乐。那种快乐，不同于享乐的快乐，**

不是单纯地任由物欲摆布，而是对自己的生活有所选择，
在自己的能力范围内，尽量让自己活得更高级。

它更有深度、更持久，更能让你从中获益，它将是你的一份重要资产。至于你所放弃的舒适区和安全感，所谓"欲戴王冠，必承其重"，想要过怎样的生活，就要付出相同水平的代价。

不将就、不凑合，并非要你去过一种奢侈的生活，而是要你活得精致。不是单纯地任由物欲摆布，而是对自己的生活有所选择，在自己的能力范围内，尽量让自己活得更高级。

虽然买不起高奢品牌的衣服，但是你可以锻炼出一副好身材，再精心配上适合自己风格的衣服，走到哪里你都是最吸睛的 C 位；和好朋友保持联络，真诚待人，有时候，一个知根知底的朋友，比家人、恋人更值得依靠；同家人相处时不要随便发脾气，耐心地沟通一下，还是相亲相爱的一家人；不要随便找个合适的人就结婚了，愿你结婚是因为爱情，而无关金钱、房子、年龄等等；虽然当不了乔布斯、扎克伯格和马云，但你可以练就一身技能，让自己在工作中无可替代。

余华说："世界上没有一条道路是重复的，也没有一个人生是可以替代的。"生活是自己的，人生只有一次，不凑合、不将就是对人生的最大尊重。谁也不希望蓦然回首，却想不起来自己究竟做过什么。

愿你此生做一个通透的人，不凑合，不将就，在自己的节奏里，走出繁花似锦，过好这一生。

自律力：
你现在的每一步，都是在为未来增加筹码

这个世界上若有若无的才华很多，漫不经心的敷衍很多，被现实照碎的梦想很多，对别人的美丽和成绩云淡风轻说几句漂亮话的机会很多，可是，踏实的勤奋却不多。那些长得漂亮、干得漂亮、活得漂亮、想得漂亮的家伙都是狠角色。

——《美女都是狠角色》

综艺《幸福三重奏》里，陈意涵说自己在孕期体重只长了4千克，我简直要惊掉了下巴。环顾我周围怀孕的女人们，没有一个不是全身发胖的，体重增长10到20千克的比比皆是。就算没怀孕的，不论男女，体重增加4千克也是轻而易举。

普通人的孕期是养猪式的吃吃睡睡，陈意涵的孕期是维密天使式的自律生活。怀孕5个月的时候，陈意涵还在公园笑容明媚地慢跑。也许你会惊讶，一般人哪敢这么做？但是陈意涵

可以。因为平日里的运动锻炼给予了她强大的体能，医生认为她那么做，对身体、对即将出生的宝宝并无坏处。

要知道，清晨五点，当大多数人还在睡梦中时，陈意涵已经在为跑步做拉伸了，正是由于这样的自律和坚持，快四十岁的陈意涵体脂率只有 10.7%，已经达到了女子健美运动员在竞技状态下的标准。在其他保持好身材的女明星被叫作"冻龄"的时候，陈意涵早就被称赞"逆生长"了。**最高级的自律不是消耗，而是滋养。**

现在坚持运动，坚持早睡早起，就是为未来的强健体质打基础。有了强健的身心，就能拥有强大的综合免疫力。无论任何时候，免疫力都是一个人的核心竞争力。

现在坚持写作，就是在为未来的 IP 积攒流量。唯有坚持写下去，才会有源源不断的想法和灵感，才会对当下和未来的趋势了如指掌。

现在坚持学习一门外语，就是在为未来更长远的发展铺路。机会总是留给那些早有准备的人。

现在坚持记账，学习理财知识，就是在为未来的小金库做积蓄。多事之秋，你的小金库可以给你和家人稳稳的安全感。

人生最高级的自由是自律，然而自律且自由的生活并非一蹴而就的。心理学家的研究表明，自律的初期是兴奋的，中期

那些长得漂亮、干得漂亮、活得漂亮、
想得漂亮的家伙都是狠角色。

是痛苦的，后期是享受的。我们经历过的所有失败的自律，都是停留在了中期的痛苦上。中期之所以痛苦，是因为我们必须付出很多代价才能战胜自己，战胜自己的惰性。

春节假期跟家人一起回老家时，遇到了小学同学L。L从小就极聪明，是我们学校出了名的学霸，中学时期更是如此，一直带着学霸的头衔考进了985、211名校。初入大学，脱离了高中高压式的管理，L第一次体会到了没人管教的自由，只要不是违纪违规的事，想做什么都可以。

这期间，他迷上了打游戏，从此就一发不可收拾。他自认为自己的聪明程度可以轻松搞定大学课程，经常逃课去网吧，在网吧一坐就是一整天，过着浑浑噩噩的生活。结果第一学期期末，10门专业课和基础课，L有8门不及格，这时他才开始担心自己的学业。

但是，他已经放纵自己太久了，成了十足的网瘾青年。逃避老师的警告、父母的叮嘱、同学的劝告，逃避需要补考的科目，逃避所有的集体活动，他变得越来越沉默寡言，眼神也变得暗淡无光。无奈他实在落下了太多课程，老师只能请他的父母过来陪读，但是这个方法仍不奏效，他挂的科目越来越多，最后学校都放弃了，只能劝他退学。

实际上，高中的学业比大学的学业更枯燥乏味，且压力大，为什么他都能坚持下来到了大学却不可以？因为高中有老师的密切监督，还有来自高考的压力。到了大学，这些束缚都消失了，在没有他律完全靠自律的阶段，他的防线崩溃了。

相信每个人都有上进、努力、奋进的愿景，只是每个人的自律力不同。**自律力差的人在自律中期就缴械投降了，败给了自己的惰性，继续过着原来的生活，甚至跌落谷底，终其一生也没能反弹。自律力强的人则能够抵达自律的晚期阶段，将自律变成了自己生活的一部分，获得更广阔、更真实的自由。**李开复曾说："千万不要放纵自己，给自己找借口。对自己严格一点，时间长了，自律便成为一种习惯，一种生活方式，你的人格和智慧也因此变得更加完美。"

难道自律力差的人就没救了吗？其实，作为一种自我管理的方式，自律远没有你想象的那么痛苦。当你把自律坚持下来，把自律变成你的日常，你会发现，持续性自律会带给你改变和惊喜。

首先，你需要去定一个目标。这个目标不能太多，一两个重要的即可。否则立太多的 flag，你都不知道扶哪一个了。完成了阶段性的目标，就要及时地奖励自己，给自己一点甜头，这也是继续坚持下去的动力。你还可以找一个朋友监督你，全程监控，不断提醒你，给你鼓励和奖励。

其次，你需要抵制诱惑。那些减肥成功的人，不是不想吃

既然立了 flag，就不要纠结，不要拖延，
因为在你纠结和拖拉的时间里，
自律力强的人已经向前迈出了一大步。

炸鸡喝啤酒，他们也不想在清晨五点钟就起床跑步，但是他们知道，不对自己狠一点，不对这些诱惑视而不见，肥胖和赘肉就会找上门。诱惑就像快乐毒药，吃下去，你会快乐，但是长此以往，总有一天会毒发身亡。你可以切断诱惑来源，尽量避开那些诱惑，最有效的方法就是有强大的意念和你想要实现目标的欲望。意念和欲望越强，就越能抵挡诱惑。

第三，拒绝拖延。如果你立的 flag 太大，大到你不知如何开始着手，那就把它拆分细化，细化到明天或者下一秒立刻可以着手去做的程度。现在有很多打卡类的 App，不仅可以列计划清单，还有提醒功能，提醒你在既定时间去完成每一步，这样可以大大提高你做事的效率和动力。

"逆生长"女神陈意涵有个好朋友张钧甯，也是大家熟知的自律女神。她坚持每天早起冥想，然后跑步，表示这就是自己理想的生活状态。相比之下，很多人的理想生活状态是吃了睡，睡了吃。

每个女孩都想活成张钧甯，但不是每个女孩都能做到张钧甯式的自律。记得有次 Vogue 杂志采访张钧甯，她说，不管是旅行还是工作，每到一个城市，她都会先用脚步去丈量这座城市。有人在出门跑步前要花半个小时来纠结"到底要不要去跑步"，张钧甯笑着说，你纠结的时间，我都跑完步回来了。

　　既然立了 flag，就不要纠结，不要拖延，因为在你纠结和拖拉的时间里，自律力强的人已经向前迈出了一大步。自律的程度决定人生的高度。**你现在的每一步，都是在为未来增加筹码，你现在度过的每一寸光阴，都会在未来闪闪发光。**

　　余生太短，不如从现在开始，积攒人生的每一小步，待到时机成熟，成就全新的蜕变和更好的自己。这才是当代年轻人应有的姿态。

Part 2

健康免疫力
你的身体，
是一切美好的开始

人如其食：
"吃进去的东西"会塑造你的未来

　　西方人常说"You are what you eat"，意思就是人如其食。这句话最早是由 19 世纪法国的政治家和美食家让·安泰尔姆·布里亚·萨瓦兰提出来的，他的著作《厨房里的哲学家》被称为"饮食圣经"。他认为，**一个人所吃的食物决定了这个人的心理、情绪和身体状态，不同的食物可以塑造或摧毁一个人的身体和性格。**

　　的确，人通过吃东西来维持生存、满足一切生命活动的能量消耗，从而创造生命的轨迹。一个人常吃健康营养的食物，便能身强体健、精力充沛、积极乐观、快乐开朗、思维清晰、做事高效；倘若一个人经常吃垃圾食品，他便会给人体弱多病、迟缓呆滞、消极悲观、悲伤拘谨、思维混沌、做事低效的印象。

2015 年 6 月 2 日，日本九州的木下佑香狂吃 3 千克炒面的视频在 YouTube 走红，于是这位身高 158 厘米、体重 47 千克的小女生开始上传各种挑战大胃王美食的吃播，并疯狂吸粉，中国、日本都有大胃王木下的粉丝。

大胃王木下的吃播通常都是挑战巨量食物，如 1 千克的芝士比萨、30 个黑胡椒水煮蛋、5.1 千克超辣拉面、10 人份地狱拉面、7-11 便利店所有的饭团、100 个甜甜圈，等等。但是形成反差对比的是，即使吃下了那么多高热量食物，她依然瘦小苗条。木下曾公布过自己的体检图片，从图上可以看出，木下之所以能吃那么多，是因为她的胃袋比常人的大很多，她吃下大量食物后的胃甚至能比吃之前的胃大 66 倍。很多网友虽认同她天赋异禀的胃，却质疑木下每次吃播吃下去的，都是精加工的糖、油炸食品和人工奶酪等垃圾食品，要知道，这些垃圾食品，常常吃且每次都吃很多的话，对人体是非常有害的。

果不其然，后来连木下都长胖了，而且胖了整整 14 斤。粉丝们肉眼可见地发觉木下胖了，木下本人也发视频说，她也注意到自己变得超胖，一直不敢站上体重秤，直到看到自己胖了整整 7 千克，才对外界公布自己变胖的事实，才敢面对现实，才想要通过多多运动来提高新陈代谢水平，把胖出来的体重减下去。

食物是一种美妙的催化剂，
不仅可以愉悦你的胃和味蕾，
还可以放松你那颗被纷繁事物缠绕的心。

吃进去的东西不仅会成为你的现在，还塑造着你的未来。
每一个吃货都梦想拥有光吃不胖的体质，殊不知吃进去的迟早都会变成肉肉长出来。一小块巧克力、一片薯片、一杯可乐……这些东西也许不会对我们的身材产生立竿见影的影响，但日积月累地吃，毫无忌惮地喝，很可能半年后就会颠覆我们原本的身材，甚至摧毁我们的体型，拉低我们的健康水平。

人一长胖了就想减肥，想让自己瘦下来，我见过很多人为了减肥而节食，包括我自己。为了看上去瘦一点，连续几天不吃饭，或者不吃晚饭，或者只吃菜不吃主食等。但是通常这样做的结果是，一段时间的节食、长期的饥饿感反而会让你的食欲增加，等到意志力坚持不住的时候，你会吃得更多，进而更容易感到饿，最后导致自己更容易且更快速地长胖。有的女生甚至因为节食导致大姨妈迟迟不来。

心理学上有个概念叫"身体自尊"，又叫身体满意度，它反映了个体对身体自我价值感和身体各方面满意感的认识和评价。当看到别人拥有"马甲线""六块腹肌"的好身材时，身体自尊会让我们产生一种焦虑、自卑的情绪。于是，我们就开始想方设法地减肥、节食。殊不知，这是本末倒置，健康才是一个人最基本的身体自尊。

美国著名女演员卡梅隆·迪亚茨在她的《你的身体，是一切美好的开始》中提到"健康"："我指的健康，是拥有一个能够发挥最佳效能的身体、一个拥有精力可以全天运转而不致崩溃的身体、一个能够击退各种疾病并让人保持强壮的身体。我指的健康，是你在早上醒来、起床、做早餐、动起来时，感觉自己的身体棒极了。我指的健康，是拥有敏锐、清晰、缜密的头脑，还有快乐的心灵。"即使你的身材不够好，但你很健康，那么为什么要用节食来打破这么美好的平衡呢？你完全可以保持规律的饮食和作息，通过合理的运动来改善自己的体型。

食物是美好的，我相信世界上没有一个人不喜欢美食。在中西方文化里，人们都通过分享美食欢聚在一起，增进感情。**食物是一种美妙的催化剂，不仅可以愉悦你的胃和味蕾，还可以放松你那颗被纷繁事务缠绕的心。**

对于食物，吃什么和怎么吃是头等大事。

关于吃什么，首先，我们必须保证我们吃进去是真正健康的食物。如果它既健康又美味，既能充饥，给我们的身体带来营养，还能宠爱我们的味蕾，那就是一件更美好的事物了，比如全谷物食品、蔬菜和水果等。其次，要对速食食品说"不"。零食满足了我们的视觉和味觉：为做得好看，里面加入了人工色素和荧光剂；为了做得好吃，里面加入了各种调味料。过度地加工食物，反而会让食物失去原本的营养和味道。喜欢吃零食，甚至常常拿零食当饭吃的人应该都会心领神会，爱吃

对于食物，
吃什么和怎么吃是头等大事。

零食使自己的体质和精力变得不佳，皮肤很容易变老变差，"游泳圈""麒麟臂"也都纷纷找上门来。

关于怎么吃，答案只有四个字：平衡膳食。主食不要忽略掉，煮饭的时候撒上一两把杂豆最好；吃酸辣土豆丝前想一想，它的能量可是相当于一碗米饭；多吃深色蔬菜，比如菠菜、油菜、紫甘蓝、胡萝卜、番茄等；红肉、白肉每天吃一点；豆浆和牛奶，一早一晚搭配最好；水果能够补充维生素 C，也很必要。人如其食，吃了这么多年的饭，你真的会吃吗？

我见过最会吃的人是一位叫小蛮的小朋友，小蛮的吃播里没有稀奇古怪的食物，也不会过量，只是一些平常的蔬菜、牛奶、米饭、水果等。但小蛮吃起来超级香，从不浪费食物，从不挑食，就连落在围嘴里的食物也都捡起来，一点点吃掉。

小蛮的爸爸妈妈去吃辣火锅，只有两岁零一个月的小蛮在旁边津津有味地啃着一片生的娃娃菜，吃得很认真，让看的人也觉得那片生的娃娃菜似乎真的很好吃。要知道，脆生生的娃娃菜，成年人都很难津津有味地吃下去吧！我甚至还看到有网友留言说，他看小蛮吃饭治好了自己的厌食症。还有很多人羡慕小蛮的妈妈，有这么一个好好吃饭、让人省心的宝贝……

人活一世，总归需要食物来好好滋养。**好好吃饭，才有力气好好生活。**一幅充满希望的未来画卷正在慢慢展开，**好好吃饭，关心粮食和蔬菜，便是对未来最好的装点。**

合理运动：
去跑步，去运动，
去练就女孩子都羡慕的身材

　　BBC 曾经拍过一个纪录片《为什么瘦子吃不胖？》，最后得出的结论让很多胖子感到扎心，因为他们给出的结论是：过度饮食的热量是否会变成脂肪是由遗传基因决定的。很多胖子因此而放弃了减肥，他们觉得这句话的潜台词是：胖瘦是由基因决定的。

　　这不是你不运动和不合理饮食的借口。毕竟我们也看到很多易胖体质的人，他们通过运动和合理饮食最终练就了完美身材。胖瘦体质固然受基因影响，但不是完全由基因决定的，这个实验只是告诉我们，易胖体质的人想要减肥和保持好身材要比易瘦体质的人更加困难，但并不代表这件事就不可行。

　　其实，就算是易瘦体质的人，特别是女人，过了 35 岁，身材也会走下坡路，尤其是生完孩子之后，腰上会容易多出一圈赘肉，全身的肉不再紧实，变得松垮垮的。

我上瑜伽课的瑜伽教室里，平时一起练瑜伽的伙伴基本上年龄都在 25-35 岁之间，唯独有一位 58 岁的阿姨，我们都叫她"青姐"。之所以叫她"姐"，主要是她的身材和肤质比她的真实年龄年轻很多，而且每次看她做瑜伽都是游刃有余、气定神闲的样子，叫我们这些气喘吁吁、满头冒汗的年轻人自愧不如。据瑜伽教室的老师说，青姐已经修习瑜伽多年，水平不在瑜伽老师之下。

在瑜伽教室举办的分享活动上，青姐告诉我们，她保持年轻体态和健康体魄的秘诀是：坚持运动，让运动成为你自己的一部分。早年的体育教师生涯让她爱上了运动，修习瑜伽是她每天雷打不动的功课，此外，她还坚持每周去公园跑步 3~4 次，或者爬山 1~2 次。

青姐说，修习瑜伽和户外锻炼能促进人体的新陈代谢和血液循环，而且有助于控制汗腺的神经系统，让人的感官更加敏锐的同时，还能有效增强人体的抗病能力。**其实只要坚持运动，再加上合理均衡的饮食，健康不生病也不是什么难以做到的事情。**

据调查统计显示，长年不运动的人，比经常运动的同龄人看起来更显衰老。如果你坚持运动，你全身的肌肉会更紧致，身体摄氧能力更强，基础代谢水平就更高；如果你很少或从来不运动，那么你身体的新陈代谢就会变得缓慢，机体摄氧和排出二氧化碳的能力也更弱。经常运动的人常常自己下厨做饭，饮食上更讲究营养和膳食平衡；不运动的人总是懒得动，他们很少自己做饭，通常就是叫点外卖或者囤点零食，任由外卖食物和垃圾食品中过量的食盐、酱料消耗自己的健康。

岁月无情，坚持运动是我们抵抗衰老和保持健康的唯一利器。不论你是易胖体质还是易瘦体质，你都不应该放弃的一项权利就是运动。我们学过的课上早就讲过，运动是绝对的，静止是相对的。生命在于运动。运动可以让我们感受到支配自己身体的自由，可以让我们感受到自己很健康，可以让我们感受到生命律动的快乐。比如跑步，我们向前跨步，挥动双臂，自由畅快地呼吸。当你跑过半个小时，大脑还能产生一种叫作内啡肽的物质，让我们产生轻松的愉悦感。

人的时间花在哪里是看得出来的。你把时间花在煲剧、刷手机、吃垃圾食品和"葛优躺"上，时间给你的就是腰上的几圈"游泳圈"、手臂上的"拜拜肉"、大腿上的脂肪和不堪一击的体质；你把时间花在跑步、健身、瑜伽和游泳上，时间给你的就是马甲线、"女团腿"、紧实的手臂和健康的体质。

坚持运动两三天、一个月或者两个月，或许你并不能看出运动与不运动的变化和差距。但如果坚持运动 10 年、20 年，

那些你走过的路，奔跑过的跑道，
在健身房挥洒过的汗水，
都是你越来越美好的见证。

你会发现自己的身材、气质、健康状况、精神面貌都远超不运动的同龄人。**那些你走过的路，奔跑过的跑道，在健身房挥洒过的汗水，都是你越来越美好的见证。**

一胖毁所有，减肥如整容。很多人开始运动都是始于减肥，然后爱上运动，沉迷于运动的乐趣中，不知不觉就达到了减肥的目的。村上春树曾说自己开始跑步的原因就是想减肥，而跑步无疑是最好的方式。相信很多人也是因为减肥而爱上跑步的，因为跑步不仅让他们的身材更好，身体更健康，还让他们变得自信又阳光。

如果你纠结运动需要场地、器具等，不如去跑步，人人天生都会跑步。如果你还在纠结要不要去跑步，不如去照照镜子，看看自己日渐臃肿的身材，看看自己日渐萎缩的肌肉，你会意识到，你眼中的"不运动＝舒服"只会让你看起来越来越"不舒服"。

出去跑步吧！先做一下拉伸，慢慢唤醒身上沉睡多年的肌肉。也许一开始你才跑几百米就累得气喘吁吁、满身大汗了，但别失望，别放弃，你的身体需要一点时间适应开始运动的你。当然你也不能急于求成，你应该在充分了解自己体质的情况下，去制订适合自己的专属跑步计划。剩下的就是坚持和自律了。

跑步，包括其他任何运动，最重要的是过程，不是结果。等你不断突破自我的局限，跑出全新的人生，绽放生命最美的色彩时，你会更强健、更自信，也会更加自律和快乐。村上春树先生便深谙此道："跑步无疑大有魅力：在个人的局限性中，可以让自己有效地燃烧——哪怕是一丁点儿，这便是跑步一事的本质，也是活着一事的隐喻。"

任何美好的结局，都来自一点一滴的努力和积累。健康的体魄亦是来自日复一日地挥洒汗水。当你告别挪不开身的温暖被窝，在凌晨五点，在寒冷的街道上，迎着未来的曙光挥洒汗水时，你已经迈出了第一步，之后你跑过的每一步都会有回响，一步一步累积起来，就是一个蜕变后的全新的你。

体能管理：
所有的厌倦，都是因为停止了成长

环顾身边的朋友，凡是把日子过得热气腾腾的人，都一直在成长着、改变着，认真、努力地绽放生活的不同姿态，过着别人眼里的精彩人生。生活的方方面面他们都打理得井井有条，维持着严格的体能管理，看似严肃死板，实则自由广阔。

他们都在某一领域里保持着自己无可替代的实力，同时又在感兴趣的其他领域不断精进，随便拿出一个本领，都可以用来谋生。**这种底气不是上天赋予的，而是来自他们超强的综合免疫力。**而综合免疫力则源于无止境的成长。他们就像绿色的植物，只要有光，有空气，便能精力充沛地创造出一个生机勃勃的春天。

你是否想过，一个丝毫不进行体能管理的人是怎样生活的？进食从不讲究营养健康，只为饱腹或满足口欲；夜晚清醒，白天昏昏沉沉，生活作息昼夜颠倒；每天沉迷于游戏、追剧和明星八卦；终日懒散度日，百无聊赖，生活状态就像《不求上进的玉子》中家里蹲的玉子。**如果一个人停止了成长，也就厌倦了生活**。面对无情的岁月，看着生命力无声地消亡，只能焦躁不安，束手无策。

经常上瑜伽课的瑜伽教室老板有一个很琼瑶的名字：方瑜。她是瑜伽教室的经营者，同时也是给我们上瑜伽课的老师。比起其他瑜伽馆老板为招揽学员，与学员们热闹地交谈，她虽然显得过于安静，但和人谈话相处恰到好处，并不冷漠。

一身素净、神采奕奕是方老师的日常面貌，我从未见过她无精打采的样子。在课上，她耐心细语地陪我们习练，下课后，微笑着送学员离开，然后回到家里，陪伴家人度过温馨和睦的时光。

有一次，我到早了，透过瑜伽教室的大玻璃窗，看到方老师正在一个人静静地练习，窗外的阳光恰如其分地打到她身上，显得她的身体更柔和，像是融进了柔软的光晕里。我正看得入迷，保洁阿姨凑过来，跟我说："她每天都提前来这儿，一个人在这里习练一个半小时，然后再给你们上课，别看她安安静静的，不爱说话，精神头足着呢！"

方老师习练完走出来，步伐轻盈有力，她看到我，淡淡地

如果一个人停止了成长，也就厌倦了生活。
没有强健的体魄，就无法保证足够的精力，
还谈什么成长。

笑着说:"我每天必须得自我习练一段时间,才能有更多精力去教课,通过自我习练,我也能及时地观察自己,依照自己的状态调整我的生活节奏。除了上课之外,你在家也可以自己练练试试。"

我好奇地问方老师是如何做到每天都精力充沛的,她也毫不吝啬地跟我分享了她的生活经验。要做到每天都精力充沛,每天都成就感满满,对生活有掌控感,最基础的就是要做好体能管理。**没有强健的体魄,就无法保证足够的精力,还谈什么成长。**

如果你在白天容易感到困倦,对什么都打不起精神,先不要埋怨你的身体,请先检查自己的生活习惯,问问自己,是否有意识地进行了有效的自我管理?

1. 你吃进去的食物,是不足以满足你的能量消耗,还是热量过高?

不足以满足能量消耗就是吃得少,吃得不好。一般减肥人士会这样做,为减掉多余的脂肪而节食,即使在身体饥饿的时候,也不及时给身体补给营养和能量。经历过血糖低谷以后,身体会处于过度消耗的状态,一旦恢复饮食,很容易控制不住自己,导致过度饮食。

过度饮食就会摄入过多的热量。一顿大鱼大肉之后,肚子涨得想让人解开裤子上的扣子,脑袋也昏沉沉的,打不起精神。

长此以往，身体每况愈下，直到真的病倒了。"现代人正在吃死自己。"卡梅隆·迪亚茨如是说。

其实饮食是很简单的事情——当你感到饥饿的时候，吃满足你身体需要的食物；当你吃饱了，就别再吃了。

2. 你常常熬夜吗？

很不解为什么人们在早上都那么热爱睡眠，到了晚上却迟迟不肯睡觉。当然，一部分人是出于工作，而大部分人是因为刷手机、玩游戏或者很多无意义的思考。其实，晚上八点钟之后，很多人都做不了什么事情了，比起躺下安静地入眠，人们选择把大部分时间花在手机、平板或笔记本上，直到大脑筋疲力竭，再也睁不开眼。

熬夜这件事，完全取决于你自己。如果你不知道该怎么做，不如给自己建立一套睡眠仪式。比如上床之前，喝杯热牛奶，放一点催眠的轻音乐，看看非虚构类的书籍等等。

3. 运动止于购买完健身卡？

很多人都将运动止于购买完健身卡或者购买完课程，以为自己花了钱，就能保持很强的意志力去锻炼身体。然而结果往往是，一张年卡其实只用了几次，最后不得不低价转让。我有个朋友就是这样，以为自己买了能计步和测量心率的某运动APP手环就能运动起来，跑步也会更有仪式感。结果手环到手后，他只新鲜了几天，之后就只充当了手表的功能。

　　对于缺乏健身知识和计划、缺少持之以恒的毅力的人来说，健身房未必是一个好选择。想要运动，其实并不一定要花钱，只要你能动起来，坚持锻炼下去就行了。比如看电视的时候，别只让自己坐着，可以做一做深蹲运动；短距离的路途，能走路就不要乘坐交通工具；吃过晚饭后，可以到附近的公园散步或快走，跑步也行……不过，如果你真的购买了健身卡或者健身课程的话，还是坚持去锻炼身体吧！

　　你对生活怎么样，生活便待你如何。保持自律，管理好自己的体能，你便能收获健康的身体，以此为基础，便能实现内心的专注、平衡和安宁，滋生出源源不断的力量，去改变生活的百无聊赖。余生很长，把生活过得有趣，生活便处处有惊喜。如果你任由岁月流逝，得过且过，就不会拥有强健的体格，哪还有力量去蜕变、去成长？生活展现给你的自然是孤立的静止。不是你厌倦了生活，而是生活扶不起一个随波逐流的你。

　　清醒点吧！人生不要等，不要等着别人来改变你，我们没有那么多时间虚掷，也没有那么多精力和耐心等待。

　　从现在开始，请你爱自己、照顾好自己、相信自己，就从与自己的身体对话开始。

优质睡眠：
"睡吧睡吧，我亲爱的宝贝"

    关于熬夜，即便我们可以说出不能熬夜的 N 条理由，凌晨时分，依然亮着的手机屏幕还是映照出了一张因疲倦而浮肿的脸庞。

    明明知道熬夜伤身体，甚至有时候自己都困得哈欠连连了，可是就是不想睡，妄想把白天用在工作上的时间都补回来。一遍遍地刷着朋友圈、微博、B 站、抖音等 APP，有时候也不是为了看什么内容，只是手似乎不受控制地向上滑动手机屏幕。等到终于意识到自己该睡觉的时候，已是零点以后了。

    终于放下了手中的手机，却发现自己睡意全无，脑子里几百种念头一下子蹦出来，翻来覆去，等到终于睡着的时候，已经是凌晨一两点了。第二天早上，任凭闹钟响着，还是睡过了头，迷糊着起床，差点迟到，然后无精打采地上班。这个时候，你暗暗下决心，今天一定要早睡。然而，到了晚上，又捧着手机到凌晨……

在明明该睡觉的时间却拼命清醒着，在本该清醒的时候又赖床不起。 不知从什么时候起，早睡成了一件需要依靠自律的事情。如今，如果有人过着"日出而作，日落而息"的生活，那真是最高级的自律了。

要知道，在我们的一生中，有三分之一的时间都是用来睡觉的。如果你的寿命是 90 岁，那么你一生中有长达 30 年的时间都在睡觉。当我们在沉睡时，我们的身体在进行休眠、自我修复和能量补给。作为一名优质睡眠者，我的睡眠时间基本保持在晚上 9 点半左右。这样我能得到充足的睡眠时间，醒来后的自己会更专注，记忆力会更好，身体会更轻松，工作也会更高效。

多年前，我也曾体会过熬夜的滋味。那是在大学的时候，宿舍在晚上 10 点 30 分熄灯，室友们却都会熬到很晚才睡。那时候，刚刚体会到没有父母催着睡觉的自由，我也跟风熬到很晚才睡。

如果第二天上午第一节有课，起床是极其痛苦的，有的小伙伴直接起不来，逃课了。每次我挣扎着起了床，都感觉大脑昏沉沉的，情绪糟糕透了，起床气已经到达最大阈值。终于顶着黑眼圈到达教室，上课期间也会打瞌睡，即使努力让自己醒着，还是很难集中精神。

最可怕的是，我发现自己的牛仔裤变紧了，腰上的扣子要努力吸气才能扣上。想想自己确实吃得多了，三餐都是正常吃，多吃的那一部分就是在晚上熬夜的时候吃的。后来我查到，低质量的睡眠会让我们的身体产生更多的皮质醇，而皮质醇会使腹部吸收更多的脂肪，腰部就会因脂肪囤积变得越来越粗。而且熬夜的时候我会很想吃东西，那也是身体在到处寻找能量补给的原因。我的皮肤状态也变得越来越差，有了黑眼圈不说，原来满满胶原蛋白的脸开始长出一些暗黄色的斑点。

于是，我决定不再熬夜，还跟爱熬夜的室友普及熬夜的坏处，希望我们每个人都拥有优质的睡眠。

也许你也想戒掉熬夜的坏习惯，但是无奈习惯的力量太强大，熬夜已经成了自己生活的一部分，每次想早早入睡，却失眠了，无聊之余，又拿起了手机……

美国睡眠专家马修·沃特在其所著的《我们为什么睡觉》（*Why We Sleep*）中提到，当我们睡眠不足时，主观上并不一定能清楚地认识到自己的缺陷。实验发现，如果一个人连续 10 天每晚只睡 6 小时，他的各项身体机能将相当于熬了一个通宵后的状态。如果你长期睡眠不足，身体就会适应这种亚健康状态，而你自己却误认为这是常态。

　　如果你已经习惯了熬夜的生活，觉得熬夜已经成了自己生活的一部分，并且没有感觉有什么坏的影响。马修还介绍了一些简单的方法，可以用来自测睡眠状况：

　　如果每天早上你必须依靠闹钟来叫醒，没有闹钟就会睡过头，那么说明你需要更多的睡眠；

　　如果早上起床后，到了上午 10 点或 11 点，你还能再次感到困倦而入睡，说明你睡眠的长度和质量很可能有问题；

　　如果每天上午，你必须喝浓缩咖啡才能高效工作，那么你很可能长期睡眠不足；

　　如果你看书时，同一句话需要读很多次才能读懂，你也很可能已经睡眠不足。

　　测试过之后，也许你会发现，你的睡眠存在严重的问题，并且你已经意识到了问题的严重性。不管你是主动熬夜还是被动熬夜，都不要为此而焦虑。就算你想改掉熬夜的习惯，身体也需要慢慢适应你的生活节奏。

　　回想起小时候，当我们因为贪玩不想睡而哭闹时，听到妈妈轻声地唱"睡吧，睡吧，我亲爱的宝贝……"才慢慢地安心入睡。也许你也需要一个诸如此类的睡前仪式，给自己的大脑一些暗示，示意它慢下来，该睡觉了。下面这些睡前仪式，或许会对你有帮助。

有助于缓解生命辛劳的东西只有三样:
希望、睡眠和微笑。

（1）上床睡觉前一个小时，关闭所有的电子设备。

如果你无法关闭你的手机，那就把手机设置成静音免打扰模式。如果不看手机让你感到无聊和厌倦，你可以听听助眠的轻音乐，或者读一本非小说类的书。

（2）上床前关掉所有电器。

如果你对光或声音很敏感，除了拉上窗帘或者戴上眼罩，还一定要在上床前关掉所有的电器，把那些蓝色的、绿色的、红色的，一闪一闪的电子灯全部关掉，给自己打造一个独立、安静的睡眠环境。

（3）放空大脑，调整心态。

熬夜的心态很重要。相信很多人熬夜的习惯都是从偶然几次熬夜开始的。一旦熬过几次夜，大脑就会形成潜意识，对自己形成晚睡的暗示。如果睡不着，就找一个自己喜欢且舒适的姿势，放空大脑，什么都不想，大脑的潜意识会认为休息时间已经来临，下一秒你可能就睡着了。

（4）舒展身体，给自己的身体做放松。

忙碌了一整天，你的肌肉和骨骼都需要细心地呵护。你可以按照瑜伽的休息术来放松每一块肌肉和骨骼。此外，睡前顺时针按揉腹部，可以促进消化、缓解便秘；睡前拉伸一下筋骨，可以大大缓解身体的紧张感，让你以更好的姿态入眠。

（5）经常反思自己的睡眠质量。

每天早上醒来，专注地问自己的身体：睡得好不好？感觉怎么样？每天给自己一个反馈，不断地反思自己的睡眠情况，在逐步改善中，找到睡眠之道。

有人的睡前仪式，是隔绝外面的世界、定好闹钟、铺床、刷牙洗脸和洗澡；有人睡前要伴着轻音乐来一段瑜伽；有人睡前要用热水泡脚；有人睡前要给宝宝讲故事，把宝宝哄睡着；有人睡前喜欢看半个小时的书；有人睡前要喝杯热牛奶……一百个人，就有一百种睡前仪式。

康德说："**有三样东西有助于缓解生命的辛劳：希望、睡眠和微笑。**"每个人的睡前仪式都不同，找到适合自己的睡前仪式，坚持下去，你收获的不只是 8 小时的优质睡眠，更是面对未来每一天的满满的动力和希望。

家的自在：
不生病的打扫法

　　家，是让人感觉放松和自在的存在。家里的一切物件、摆设以及计划要在家里做的事，都是为了让我们感到身心惬意。

　　家中打扫得纤尘不染，物件归置得整齐有序，生活在其中的人就会流露出淡雅、不急躁、不油腻的气质。每天生活在素净、有序的家里，人定然是不会生病的。

　　2019 年秋天快结束的时候，朋友桃子刚搬到了新家，邀请我们三五好友去她的新家温居。我们到达时，桃子早已把家里整理收拾得像样板房一样，整洁又有条理。

　　桃子从小就是个整理打扫控，容不得房间里有任何杂乱脏的地方。她每天早早起床的动力就是打扫和整理房间，等到晨光熹微的时刻，阳光照在被擦拭得光亮如新的书橱上，刚刚被浇灌过的绿色植物挺着茎秆，绿得充满生机，她心满意足地给自己和家人做一份能量满满的早餐。桃子说，看到家里整洁如新，那简直就是她一天中的高光时刻。

虽然早就知道桃子有整理打扫的天赋，但我们在仔细参观她新家的时候，还是被惊艳了。房间不仅设计得温馨舒适，角角落落也都毫不马虎。桃子说："作为一名自由职业者，家就是我的工作室，把家里打扫得清清爽爽，不论休憩还是工作，都觉得舒服自在，来自生活和工作的压力也仿佛削减了许多。那种身心通畅的快乐，没有感受过的人是想象不出来的。"

在我看来，桃子整理后的家给人一种恰到好处的规则感，她已经把整理打扫当成了工作的一部分，她寻找适合自己的生活规则，并将规则付诸实践，享受其中。

有人说，每天整理打扫房间会很占用时间，而且很累人。其实，养成良好的家庭生活习惯以后，一切都会变得简单。你只需把乱放的东西放回原处，然后打扫干净就好。**在舒适、自在又干净的环境中吃饭、睡觉、和家人相处，心情总是愉悦的，情绪也会处于平稳的状态，身体自然也会保持稳定的免疫力。**

我向桃子请教整理打扫的经验，在整理方面，她给我推荐了近藤麻理惠的《怦然心动的整理法》，看完之后，我终于知道为什么大家称近藤为全世界最会做家务的人了。

《怦然心动的整理法》主张整理收纳一定要关注自己的感受，推行极简主义的生活方式，强调一个人的生活空间里，只

养成良好的家庭生活习惯以后，
一切都会变得简单。

保留必要的物品，去除那些不重要但会分散自己注意力的东西。另外，近藤还介绍了很多收纳整理的方法。认真按照书上说的方法整理之后，我终于有所领悟。

整理的第一步就是识别分类。把所有需要整理的物品放在眼前，分出喜欢且常用的、喜欢但不常用的、不喜欢且不常用的三大类物品。

1. 喜欢且常用。

这里的"常用"分为每天必用和非每天必用。每天必用的物品放到抽屉里，非每天必用的放在柜子上易拿到的地方。不管是放抽屉里还是放柜子上，都遵循分区对齐原则。将同类物品码在一起，如果你是整理收纳新手，可以用袋子装或用绳子系。时间久了，即使没有袋子和绳子，你也会在心里不自觉地把抽屉分成一个个的小格子，做到清楚地分区收纳。而所谓对齐，无非就是左对齐或右对齐，按照自己的喜好和习惯即可。

2. 喜欢但不常用。

对于喜欢但不常用的东西，可以拿出一两件比较喜欢的作为家里的装饰品，但不可贪多。其余的放柜子里，同样遵循分区对齐原则，以备自己或家人时不时地拿出来把玩一番。

3. 不喜欢且不常用

这一类物品就没必要占用有限的空间了，直接处理掉或扔掉即可。你的手机或笔记本也会利用标记提醒你哪些 APP 是你不常用的，不常用的你可以思考是否卸载掉。这是最基本的断舍离。

整理的第二步是固定位置。即每件物品都有自己的位置，用完某件物品，一定要把它放回原处。这个动作熟练了以后，你就再也不会有东西凌乱和找不到东西的苦恼了。

当然，这个动作的前提是你需要记住抽屉或柜子里放了什么东西以及这些东西的位置。如果记不住，你可以在整理好抽屉和柜子以后，给抽屉和柜子拍张照片，把照片贴在抽屉或柜子的内侧。香港影星陈浩民有 5 个孩子，他的妻子蒋丽莎就是用这种方式保存 5 个孩子的物品和玩具的，整理好橱柜后，拍一张照片洗出来，用透明胶带贴在柜子门的内侧，忘记了某件物品放在哪里的话，就打开柜子门，所有摆放一目了然。通过这种方式，5 个孩子用的物品都能恰当地放回原处，且毫无杂乱感。

这种整理收纳技巧可以应用于一切事物，比如看书、谈话、学习、工作等等。一个把自己的工位收拾得整整齐齐的人，工作能力必然不会差，工作效率也一定很高，说的就是这个道理。**你整理的是家、是工位，展现给别人的却是一个高效有序的内核。**

如果说整理收纳侧重的是内心的梳理，那么清洁打扫则关

你整理的是家、是工位，
展现给别人的却是一个高效有序的内核。

乎身体的健康。 把家里的角角落落都打扫干净，不仅能让人感觉舒爽通畅，也能让细菌、病毒无处藏身，全家人的健康都能得到保障。

学会了整理收纳技能之后，桃子又跟我分享了很多她从妈妈那里学来的清洁打扫小技巧，我才知道，原来清洁打扫完全不需要购买什么强效的去污产品，生活中常用的细盐、小苏打、食用碱、柠檬等，都是有力的去除污渍小能手。

厨房里容易沾油的水池，有超过 50 万的细菌，若不仔细清理，不光是隐蔽的缝隙里，就连水池表面也会残留大量细菌。对此，我们只需撒上一些细盐，用抹布擦拭，再用温水冲洗就能洗干净了。水池下水的地方更脏，更容易滋生细菌，用温的肥皂水浸泡 30 分钟，就能有效去污。一块新鲜的橙子皮就能把沾满水渍的水龙头擦得光亮如新。

厨房里用了很久的锅具，内里可以用土豆加细盐清洁，土豆代替抹布，将其沾满细盐，用力擦拭锅具内里，锅具立马变得干净如初。锅具的外面则用小苏打，将小苏打均匀地倒在锅底，用水稍加淋湿，静置 2 个小时后用钢丝球刷洗即可。

清洁微波炉时，可以用大碗装满水，大火加热 2~3 分钟，微波炉内的高温水蒸气能使顽固的污渍变得松软，再用干净的抹布擦拭即可。如果微波炉里有异味，就在水里放些柠檬片或食醋。

用小苏打水擦拭冰箱的内壁，能有效去除冰箱里的异味。

家里最难打扫、最容易忽视的死角，比如墙壁的角落、地毯和墙壁的接缝处等等，非常容易产生霉垢，使用旧牙刷就可以很容易地洗刷干净。如果污垢特别顽强，可以用旧牙刷蘸上洗涤剂刷除，再用水擦拭干净。最重要的是要保持干燥。

清洁打扫是个耗时耗力的大工程，很多家庭都是攒好久才大扫除一次。每次家里大扫除，都是全家出动，如临大敌，家庭成员分好各自负责的区域。

桃子告诉我，其实只要平时做饭、洗碗的时候清洁到位，每周或者每个月将容易忽略的死角和物件清洁打扫一遍，你就能轻松收获一个干净又清爽的家了。

整理收纳、清洁打扫，这些都是家的日常。我们只需要稍微用点心、出点力，就能得到一个清爽、干净又自在的家。

整理打扫自己家的过程，我们也是在整理打扫自己的身心。有一个清洁自在的家，生活其中，身心也会感到舒爽通畅，综合免疫力也自然强大起来。是时候行动起来了，为自己和家人创造一个身心舒爽的环境。

Part **3**

财务免疫力
若你又美又有钱，
何须患得患失

不必和钱过不去：
在钱上拎得清，能少奋斗10年

从小就经常听父亲说，有钱花是一回事，把钱花得有价值是另一回事。

很多人只是在花钱，但不一定"会花钱"。他们大多是典型的月光族，常常大手大脚地把钱花在吃喝玩乐等即时满足的事情上，等到自己真正需要钱的时候，一点积蓄也没有，甚至还背着卡债。

而会花钱的人常常把钱花在别人看不见的地方，比如学习一项新技能、去健身房锻炼身体、买只基金等等。最后，花出去的钱变成了自己强大的竞争力、好身材和健康的体魄以及更多的财富等等。

长大独立生活后，我越来越发现，那些早早就实现了财务自由的人，都是真正会花钱的人，都有强大的财务免疫力，不管面对股市震荡还是裁员失业，都能保证自己和家人的生活品质。在钱上拎得清，真的能让你少奋斗 10 年。

大学期间，D 是我们那一级里最亮眼的姑娘，眉清目秀，身材窈窕，一头乌黑的直发，还有朴素的穿衣打扮也遮不住的好身材、好气质。虽然不及女神级别，但也是仙女本仙了。

大三的时候，D 就不住寝室了，她搬到了学校附近自己的房子里。没错，是她自己的房子，用她自己的积蓄加上父母资助的一小部分钱买的房子。要知道，那时候，别说大学生了，就连社会上的人还普遍没有买房意识。而且，那时候的房价虽然比现在低很多，但也是很贵的，很多人都不舍得把自己半辈子的血汗钱一下子投进一个房子里。

一时间，我们那一级的 QQ 群炸开了锅，大家纷纷议论这件事，无不表示对 D 的羡慕嫉妒恨。还有不怀好意的人故意散布谣言，说 D 是被包养了，房子是包养她的有钱老板送她的。

D 一笑而过，不解释，也不生气，她说，时间能洗刷一切。跟 D 关系最好的闺密忍不住了，甩出 D 的账本来证明 D 的房子是自己买的。D 的账本上记得清清楚楚，购房款来自 D 从小就攒下的压岁钱、当家教赚的钱、稿费、奖学金、在服装店兼职做店员赚的钱等等。

那些制造谣言的人这才闭嘴，同时也开始暗自反省，自己也有奖学金，也有去兼职，为什么自己就一分钱也没攒下呢？

转眼间，这已是十几年前的事了，当时 D 在大学附近买的房子，如今房价已经翻了一倍还不止。相比之下，那些当年没攒住钱的人，依然过着租房子的日子。而 D 早早就还完了房贷，同时攒了一笔钱，去国外读 MBA 了。

日本超人气 MBA 导师野口真人在他的书《学会花钱》里提到，**真正会花钱，是让花出去的每一分钱都变成未来的财富。** 有一次跟 D 聊到她大学时买房子的事情，她说，那时候，自己也不知道房价会在未来几年涨得那么高。当时，她也没学过什么投资理财知识，她只是觉得，自己攒了十几年的钱，都没舍得动过一分，一定要把这些钱变成有价值的东西。

过年回家，全家人一起过年三十，晚上看完春晚依然睡不着，和表妹窝在床上说悄悄话，我们聊起新年愿望。表妹说，她的新年愿望是攒下 10 万块钱。我很纳闷，表妹升职加薪了，而且她平时吃住都在家里，攒 10 万块不是很轻松吗？问过表妹才知道，原本她月薪 1 万，每个月花 5 千存 5 千；升职加薪后，月薪成了 1.5 万，但她每个月的花销也涨到了 1 万，还是只剩 5 千块。

表妹说，其实她一点也不喜欢现在的工作，但是她的购物欲极强，消费很高，能满足她的消费需求的，也就现在这份工作了。本来以为升职加薪后自己能快速攒下投资理财的本金，可是没想到自己的消费欲望那么大，赚得多，花得也多。

真正会花钱，
是让花出去的每一分钱都变成未来的财富。

要知道，欲望无止境，就算薪水一直涨，消费水平也会跟着涨。最后你把钱都花在哪儿了，连自己都记不清楚，怎么可能实现财务自由？

巴菲特恐怕是这个世界上最会花钱的人了。1989年春天，他曾经用每股5.22美元的价格买了10.2亿可口可乐的股票。2014年，可口可乐每股价格涨到了42美元，是巴菲特最初投资时的8倍。要知道，巴菲特在很小的时候就有这种会花钱的意识了。他在5岁的时候第一次喝到了可口可乐，之后不久，他就用25美分批发来6罐可口可乐，然后以一罐5美分的价钱转卖出去。

当然，不是每个人都能成为巴菲特这样的投资奇才。但是，毋庸置疑，每个人都想成为巴菲特。很多人梦想一夜暴富，他们认为巴菲特之所以成为巴菲特，是因为他的天赋和运气，而忽略了巴菲特为投资理财所付出的努力。于是，一旦有所谓的"机会"来临，他们也想碰碰运气，花钱试试自己有没有成为巴菲特的可能。这是投机，是赌博，不是投资，更不算"会花钱"。

比尔·盖茨说过，**巧妙地花一笔钱和挣到这笔钱一样困难。**银行卡里的余额虽然只是冷冰冰的数字，但每一分钱都是你一天天工作赚来的，怎能随意花掉？是时候停止不必要的消费，思考一下怎么让自己花出去的钱都有价值了。

1. 避免冲动消费。

也许你经常冲动消费，那么在消费之前，你可以问问自己，我现在花的钱对 1 年后的自己有帮助吗？因为所有值得花钱的事情，一般都会在 1 年后才有效果，包括学习、投资、创业等等，周期越长才越能获得回报，你从中的获益也更大。冲动消费只会给你带来暂时的满足感，最后除了空空如也的钱包，什么也没有。控制住自己的冲动消费，你会发现你的银行卡余额多出很多，不管你是放着不动还是用来投资理财，都相当于给未来的未知风险又添了一层保障。

2. 投资自己。

很多人一想到投资，就会说"我没有那么多闲钱去买股票、基金、债券之类的金融产品"。但其实，他们忽略了一项重要的投资，那就是投资自己。花钱办一张健身卡去健身房锻炼，既练就了一副强健的体格，又收获了一个好身材；在自己的消费能力范围内买一套好一点的护肤品，精心呵护自己的皮肤，让自己时刻保持年轻的状态；在工作之余给自己报一个培训班，学习一项工作专业之外的技能，提升自己的职场竞争力；学习投资理财知识，时刻跟随财经前沿趋势，提高自己的"睡后收入"……一个善于投资自己、主动自我成长的人，赚钱的能力

是时候停止不必要的消费，
思考一下怎么让自己花出去的钱都有价值了。

也不会差。野口真人认为"人能够创造现金流量"，以此类推，那么善于投资自己的那一部分人就是最具有现金流量的人。

3. 开启投资理财的第一步。

投资理财的第一步就是积累初始资本，说白了就是攒钱。足够的初始资本才能让钱生出更多的钱。如果你是月光族，习惯了花钱大手大脚，势必要控制自己的消费欲望。有人通过记账的方式控制自己的消费；有人则把每月的工资硬性分割成三部分，一部分用来日常消费，一部分为救急储备金，一部分为投资储备金；有人关掉了所有信用卡和花呗，从此，只花当下的钱，不提前用未来的钱买单。不管怎么样，选择适合自己的方式最重要。

别再相信什么"消费升级等于人生升级"的鬼话，分清花钱的轻重缓急，把钱花在真正能换来价值或财富的地方，那么实现财务自由就不再是白日梦。唯有足够的经济基础，才能铸就全身心的超强综合免疫力。

在钱这种事情上拎得清，掌握花钱的智慧，不做金钱和物质的奴隶，真的可以少奋斗10年。愿你拥有一个不被金钱和物质控制的人生。

财商决定安全感：
一个人的财商，才是最大的底气

近日，偶然看到日本一档综艺节目做的街头采访调查，记者在街头采访路过的老人，询问老人们关于人生的建议，获得的最多的答案就是：要有钱，尤其年老之后，有钱和没钱的感觉相差很多。

对于尚年轻的我们，要有更多的财富意识，要知道财商很重要，它直接决定我们会不会赚钱，以及赚钱的多少。**在能赚钱的时候提升自己的经济收入，好好理财，才能抵御未来的风险，增加未来的可选择性。面对生活的无数种不确定性，一个人的财商，才是他最大的底气。**

早年因为给爸妈买保险，我认识了一个保险业务员，那时候她才 20 岁，额前留着齐刘海，笑容略带青涩，明显是个刚入行的小姑娘。前期我研究过很多保险产品，发现这个小姑娘给我推荐的都是比较划算且值得购买的。由于一见如故，说话投机，我们互留了联系方式，而且一直保持联系至今。

现在的她，已经从小小的保险业务员做到了一个团队的领头人，蜕变成了别人眼中的白富美。一开始，她用自己仅有的一点存款去学习，武装自己的大脑。如今的她，已经可以帮客户做全方位的资产配置了，能够专业、合法、有效地运用保险、保险金信托、家族信托等金融工具帮助客户做全方位的资产配置。

而她自己也早早就拥有了很高的财商。她常常提醒我，身为女人，一定要存钱，要有一个有法律确认和保护的复利账户。消费主义总是鼓励人们买买买，从几百块的口红，到数万块的奢侈品，似乎只有当身上有这些物件加持时，我们才能确认自己过得很好。"月光族"并不少见，很多人都没有存钱意识。如今她已月入数十万，但是每个月拿到工资后，她依然会把一部分钱先放到一个固定账户里。**该存的先存下来，剩下的才去消费。**

她常常说的一句话就是，**提前设置且不断提高自己的生活品质下限，是一个女人最高级的安全感。**如今她已经为自己设置了保险金信托，未来有多少风险，都能坦然面对。

生活总是充满了意外，我们父母那一代人普遍的理财意识就是存钱，于是乎，在他们眼里，存钱等于理财。当然，有一定的储蓄是理财的前提，但是并不是理财的全部。这一点，其实很多90后都一清二楚。

而在大多数人眼中，90后都被扣上了"败家""月光"的标签。2019年7月29日，中国新经济研究院联合支付宝发布的首份《90后攒钱报告》显示，90后并没有人们眼中那么败家。我们也看到有一个新兴的网络流行词"宝呗青年"，特指那些一边用花呗一边把不被占用的资金转入余额宝赚取收益的年轻人。报告显示，90后平均每月在余额宝攒的钱，是其花呗账单的4.5倍。

自我增值也是一种投资。在自我增值这件事情上，90后是很舍得花钱的。公司新入职的小姑娘分期付款给自己报了一个3万块的日语一对一课程，没有太多压力，又能解锁日语新技能。一年后，她向公司申请做对日的外贸对接业务，因为她出色的日语表达与沟通能力，积累了很多日方客户，如今她轻轻松松就能月入过万。要知道，在我们这个二三线城市，大部分人都拿不到这个薪资。

在对金钱的认知上，我想很多90后都优于他们只知道存钱的父母一代。他们对金钱的认识更坦然，该省的时候就省，该花的时候就坦然地花，该赚的钱一分钱也不会放过。**武装自己的大脑，或者学会一项新的技能，有理财的意识和习惯，提**

提前设置且不断提高自己的生活品质下限，
是一个女人最高级的安全感。

升自己的综合免疫力，不仅能抵御未来的风险，还能成为实现
梦想的垫脚石。

如果现在你失业了，你的财务免疫力能支撑你的生活品质
不下降多久？只有具备了财商才会有理财的意识和习惯，才能
有底气面对未来和现在的所有风险。否则，就只能成为月光、
负债、工作几年仍然存款为 0 的隐性贫困人口。

投资公司的一位朋友告诉我，关于理财，没钱可以赚、可
以攒，没有投资头脑可以学习，但是如果不能合理地把控自我
和风险，那就难办了。

1. 对自我的把控。

把控自我，说白了，就是做到自律，学会享受延迟快乐的
满足感。从现在起，存钱，控制消费，学习投资理财知识，虽
然这对你来说可能并非易事。

当然，世界上容易的事情也有很多，比如逛街购物、吃
东西、追剧……这些事情不仅容易而且能给你带来快乐。但
是，多享受一分这些容易且快乐的事情，未来你面对风险的困
难也就多一分。把眼光放长远一些，合理地消费，适度地储
蓄，智慧地理财，真的没那么痛苦，总好过未来生活的拮据
和无助。

斯坦福大学的沃特·迈克尔博士曾经做过一个著名的自制
力心理学实验——棉花糖实验。每个接受实验的孩子都会得到

一块棉花糖和一个摇铃，然后实验者离开。如果孩子想吃这块棉花糖，就摇铃，实验者会马上回来，这时孩子就可以吃掉这块棉花糖；但是如果孩子能忍住不吃，一直等到实验者自己回来，他就可以吃到两块棉花糖。

大多数孩子都没能忍住诱惑，等不及实验者自己回来就吃掉了那块棉花糖。只有 30% 左右的孩子拼命忍住诱惑，最终吃到了两块棉花糖。

后续的跟踪实验研究表明，为偏爱的奖励坚持忍耐更长时间的小孩，他们通常具有更好的人生表现，如更好的 SAT 成绩、教育成就、身体质量指数以及其他指标。而且，从整体来看，他们的生活质量也更高。

这个实验告诉我们，如果你能抵制住那些即时的快乐，控制住自己享受短暂快乐的欲望，比如冲动消费，那么在长远的未来，你会拥有更多的"棉花糖"。更重要的是，你也能更有底气面对和抵御未来的未知风险，生活得更美好。

2. 对风险的把控。

关于风险的把控，你可能会说，生活充满了不确定性，未来的风险都是难以预知的，不是我们想把控就能把控得了的。

放弃对风险的把控，基本等于靠天吃饭，或者靠运气理财。这样的人往往花钱不做计划，理财只会跟风。如果你手中已经有了一定的存款，说明你已经具备了原始资本，把原始资本拿去投资理财，让钱生钱，实现"睡后收入"，才是快速积累财富的有效方式。

投资理财的风险不可能一点也没有，但是我们多学习一些理财知识，提高自己的财商，就能在力所能及的范围内，判断一个企业未来的升值空间，把控一些能规避的风险。

2018 年，维持连涨节奏的茅台酒股价震荡走低，市值蒸发 500 亿，跌得一塌糊涂。作家连岳分析了茅台企业的财务报表、经营方法、未来的市场等等，认定这家企业有升值空间，于是买入大量茅台酒的股票。要知道，当时茅台酒"冷"到了近两年的最低点，几乎没人敢入手。很多人劝他赶紧卖掉，因为大家都不看好这家企业，而且现在的年轻人都不喝茅台酒。但是连岳认为自己的分析没有漏洞，坚信自己的判断，后来，茅台酒股价又大涨，那些当初不看好茅台的人后悔不迭。

对风险的把控，其实也没有什么捷径可走。一味地听从某某大师的指导意见，把所有的钱都投进去，最后很可能一败涂地，白白让别人割了韭菜。

2020 年初，新冠肺炎疫情全球大爆发，危机当前，没有什么能独善其身，美股、黄金、原油、比特币全线杀跌，所有人猝不及防，投资市场一片哀鸿。尤其是比特币，在短短半小时内，很多投资者少则损失数万元，多则可达数百万甚至上千万元。曾经的比特币首富李笑来也在直播中说，比特币不能买，都是骗局。

投资理财本就是一个需要日常积累外加反复摸索实践的过程。**脚踏实地地学习理财知识，反复实践，总结经验，坦然地承担风险，这才是理财的奥义所在。**

树立正确的财富意识，提升自己的财商，增加收入、实现资产保值增值都不是梦想。手里有钱，这才是安全感的根本所在。

赚钱必须要趁早：
你赚钱的方式，藏着你的未来

姐姐生娃的时候，我一直在她身边陪护。

我们出去散步经过医院走廊时，有一位产妇被急忙推进来，医生上前一看，对旁边急得满头大汗的丈夫说："羊水破了，家属快去交费处交 5 千块钱押金，办理住院手续！"

只见那个 30 多岁的男人回过头问一个老妇人："妈，你身上有没有钱？"同样处于着急状态的老妇人有点蒙，然后摇摇头。

产妇已经疼得受不了了，那个男人用颤抖的双手掏出手机，貌似在跟亲戚朋友打电话借钱，语气充满卑微与无助。我跟姐姐在旁边看得目瞪口呆。生孩子这么大的事，一般家庭都会提前准备好足够的钱吧？

最尴尬和最无助的中年困境莫过于此。在急需用钱的时候，自己却拿不出钱。钱虽然不是万能的，但的确能解决我们普通人生活中的大多数问题。**手中有钱，心就不慌**。

如果你不想遭遇尴尬无助的中年困境，那就趁早赚钱。

趁自己还年轻，趁自己思维尚未僵化，趁自己和家人都还等得起，想方设法去赚很多很多的钱，让自己拥有超强的财务免疫力。

赚钱这种事情，和出名一样，都要趁早。如果说最好的时间是 10 年前，那么其次就是现在。也许曾经的你安贫乐道，安于现状，但是现在你必须要加速奔跑了。别人早在起跑枪声响起之时就全力开跑了，如果你还在起跑线停止不前，人生这场比赛，你注定是输家。

"趁早"的品牌创始人王潇在 2008 年创立了目后佐道设计顾问公司，那时王潇正在中国人民大学艺术设计系新媒体专业读研二，已经经历了央视主持人和两年美国安可顾问公司公关职场的历练。

一开始她的公司只是负责招揽业务然后分发给周围的同学，给客户提供简单的设计。一次公关活动中剩下的效率手册的售卖，成了"趁早"品牌出现的契机。王潇自己也没想到，第二年竟然有超过一万人来问还做不做这个本子，这些人都在等着买他们的本子。之后，"趁早"推出了更多深受人们喜爱的产品。在品牌启动之初，起到推广和宣传作用的是王潇的博客和微博。王潇称，一开始建立博客和微博其实并非出于商务目的，她只是想在里面分享和记录自己的生活状态以及对生活的思考，写着写着就积攒了很多粉丝。所以，直到如今，"趁早"的营销推广费用还是几乎为0。

从央视主持人到外企公关再到"趁早"品牌的创始人，王潇一直走在同龄人的前面。虽然每一次身份改变的主要原因，都缘于王潇对自己认知的改变和更精进的要求，但其实每一次改变也是她赚钱方式的改变，而且每一次都是跃迁式的上升。谁不想拥有这样的人生？

你赚钱的方式，藏着你的未来。 如果你年纪轻轻就抱着一份旱涝保收的工作不撒手，不思考，不努力，不改变，那么等到未来未知风险来临时，你只能仓皇面对，苟且应付；**如果你愿意花时间花精力去研究市场和社会的需求，在下一个风口来临之前就做好万全的准备，那么未来躺赢的那个人就是你。**

如今这个时代，方式与努力同等重要。自媒体风口出现的时候，一群最高学历不过高中毕业的留守农村妇女靠在网上写文章，月收入破万；在同龄人都还在伸手向父母要零用钱的时候，17岁的少女木汁已经靠写文章月入10万；偏远农村的妇女做起了微商，售卖家乡的农产品，不仅提高了自家的经济收入，还帮助全村村民一起发家致富……

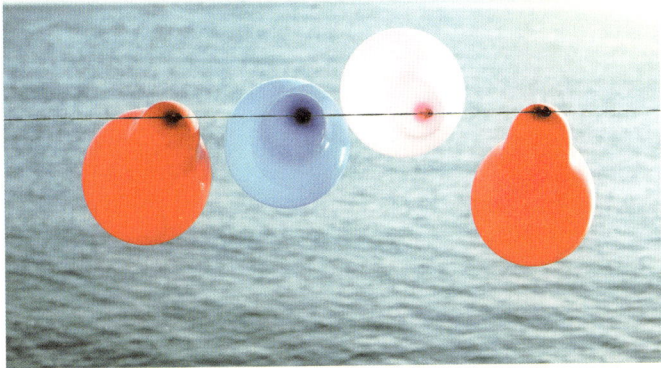

如果你愿意花时间花精力去研究市场和社会的需求，
在下一个风口来临之前就做好万全的准备，
那么未来躺赢的那个人就是你。

经济学家何帆提出"苟且红利"一词，意思是，虽然看起来很多人都在做事，但其中有大量的敷衍者，而不苟且者，只要稍稍地往前迈一步，就能享受到别人所没有的红利。

有人说，李子柒的成功只是她运气好，撞上了短视频和国风大 IP 的绝大风口。殊不知，她在这个绝大风口出现前就已经早早做准备了。

酿酒、刺绣、弹棉花、做腊肉、制造手工酱油、种植各种蔬菜水果……这些全都出自她那一双灵巧、清瘦、饱经风霜的手。而她为了学会这些古老的民间技艺，东跑西走，软磨硬泡地拜师学艺。一开始她甚至都不懂怎么拍视频好看，也不会用剪辑软件，只是用手机简单地拍摄，调色、构图、剪辑等等都是她一点点摸索着学来的。

与其说李子柒撞上了国风 IP 的风口，不如说她预见了国风 IP 的风口，因为她早在风口出现之前就做足了准备。如今她已红遍全网，微博粉丝超过 2000 万，B 站粉丝 460 万，抖音粉丝超 3000 万。她还把她的视频发到了 You Tube 上，粉丝超过了 750 万，每个视频的平均播放量高达 500 万，被央视点名夸奖，海外粉丝对她更是赞不绝口，她的视频已然成了中华传统文化的输出口径……

世界千变万化，尤其在互联网飞速发展的这几年，人人都在说风口，可是风口来临时，大多数人并不是乘风而上，而是选择视而不见，等到第一波吃螃蟹的人已经赚得盆满钵满时才蜂拥而入。要知道，一个商业机会，一个市场空白，等到大部分人蜂拥而入的时候，它的利润走势已经开始减慢或下滑了。

2003 年，淘宝网诞生，让你去淘宝开店卖货，你说不太靠谱；短短三年，2006 年，淘宝网成了亚洲最大的购物网站，你仍然置若罔闻；2009 年，你看着别人开淘宝店实现"躺赚"的生活，终于尝试着投入大量资金开了个淘宝店，还请了专业的运营团队，结果日访问量寥寥无几，更别提卖了多少单、赚了多少钱了。

2012 年，微信公众号上线，让你开个微信公众号写文章，你说再等等。后来看别人靠写微信公众号大赚了一笔，还创立了自己的公司，年纪轻轻就成了 CEO，于是自己也注册了微信公众号，然而不懂得内容趋势，也不懂得如何吸粉，微信公众号一直无人问津。

2016 年，抖音横空出世，让你学学抖音运营模式，你说不适合自己。看到大学生都能靠抖音变现了你才加入，然而红利期已过，再想做大已经很难了。

在赚钱这件事上，保持佛系是不行的。也许现在的你还年轻，觉得青春就是资本，但是不去思考改进赚钱的方式，不改变自己的思维模式，未来中年的你只能寄希望于中彩票暴富，然而这种概率几乎为零。

是随波逐流，还是趁早过上自己想要的生活，这是你自己的选择，与世界无关。亡羊补牢，为时未晚。如果你想要一个身心自由、不被金钱捆绑的未来，那就行动起来吧！

高质量婚姻真相：
真正长久的婚姻在于"算计"

一个已婚朋友告诉我，婚姻不像谈恋爱，谈恋爱时是单纯的小美好，结婚后就是两个人一起过日子。

婚姻里，钱很重要，有一个会"算计"钱的人，更重要。**婚姻的综合免疫力与家庭的财务免疫力有很大的相关性，打理好钱，婚姻才更能长久持续，家庭也更容易保持和睦融洽。**

我的一位同事兼朋友 M，有每天记账的习惯，每花一次钱就记上一笔。有时候，中午午休我们一起吃饭，看到想吃的豪华套餐，她会计算一下自己当日还能消费的额度，如果超支了，她就会换成便宜一点的套餐。

另一位同事很不理解："你们结了婚的女人就是抠门，爱'算计'，每天都记账，累不累？就算不记账，该花的不也都得花！我们工作那么辛苦，对自己好一点，午饭吃好一点有什么关系，不就差那几块钱！"

　　M 给她看自己手机上记账 App 的记录，上面清楚地记着他们一家的每一笔收入和支出。每个月公公婆婆的退休金、老公的工资都会交到她那里，她要把控好家里的大大小小支出，做好每月的消费预算与结算，既要保证该花钱的地方有钱花，又要保证每月有余钱做储蓄或处理突发状况。孩子该买的玩具和绘本一样不能少；老人要吃的保健药品也不能空着；老公要有一定的零花钱，保证他在外面可以有面子地自由支出；她自己也需要买化妆品、衣服、包包；家里的日常生活支出、水电煤气费等等也都省不了；还有花在亲戚朋友身上的人情礼往……原来每一次家人们认为 M 大气的消费，都在 M 的把控之中。

　　我和另一位同事看得惊诧不已，没想到一个家庭的钱财管理这么麻烦。那位不理解的同事佩服不已，她知道，坚持记账是一件很难的事情，她自己也下载过记账 App，后来都因为各种原因卸载了，更何况打理一个家庭的财务支出要比记账烦琐复杂多了。

　　正是因为 M 管钱管得好，又善于理财，在家庭和交际之间总是做得很妥帖，所以 M 把她的小家经营得和睦融洽、幸福和谐。

　　M 家的理财模式是妻子管钱，这也是大多数家庭的传统，甚至有俗话讲"男人是挣钱的耙，女人是管钱的匣"。意思是，如果妻子能够很好地打理夫妻双方的共同财产，丈夫就能省下很多精力，没有后顾之忧地去赚钱了。

不过，谁规定了一定要妻子管钱吗？丈夫和妻子，谁比较会理财算计，谁就应该管钱。到底谁来管钱，每个家庭都有自己的情况，无非是一个愿意管钱，一个愿意交钱，管钱的放心，交钱的信任。**只要管钱的一方打理好钱财，就能保证婚姻生活朝着两个人的共同目标长久进行，家庭就能和谐美满。**

我家父母的管钱模式是建立一个共同账户，每月每人往里存一定的数额，这个数额每月可以根据实际收入情况有所变动，但是占总收入的比例基本不变；家庭日常花销由母亲负责，养车、房贷的费用由父亲出，他们各自再预留一些可供自己自由支配的钱。谁也不当甩手掌柜，钱的问题一起算计，给对方多一分理解和体谅。

由于在钱这方面早就达成了共识，所以我父亲母亲从来没有因为钱吵过架，即使是收入低的困难时期，两个人也能互相信任，共同想办法开源节流，让平凡的日子过出花样的色彩，渡过难关。

在婚姻中，打理好钱的前提是夫妻双方都可以大大方方地谈钱，尤其是不"算计"钱的那一方，你可以不管钱，但是你不能不谈钱、不关心钱。因为谈钱意味着你关心家里的情况和

在婚姻中，打理好钱的前提
是夫妻双方都可以大大方方地谈钱。

抗风险能力，意味着关心自己创造的价值，更意味着你对自己和另一半负责。

三毛说："爱情如果不能落在穿衣、吃饭、数钱这样的小事上，是不能长久的。"婚姻更是如此，一个不谈钱的婚姻是虚无缥缈的，宛若海上的浮木，随时都有被巨浪掀翻的可能。

一次爬山途中，我遇到一位年龄与母亲相仿的阿姨，阿姨的同伴走得快，把她落在了后面，于是，阿姨就开始和我边走边聊。阿姨很健谈，聊着聊着就聊起了她的家庭。女儿女婿一个在外企，一个在国企，都是大公司，平时工作忙得很。自己年轻时因为勤奋能干当上了主任，现在退休，退休金有小4千。老头子的退休金比她高，但是高多少、具体金额是多少，她却是不知道的，他们各自花各自的钱。说到这里，阿姨叹了一口气。

没想到，人到中年竟然还不知道对方的工资水平。且不说感情，阿姨夫妇俩的经济条件应该属于中上等了。既然组建了家庭，都奔着幸福生活的目标去，那就该大大方方地谈钱，告知对方自己的工资水平，或者问问对方的工资水平，一起算一算每月花多少、攒多少，这有什么难做的？

听那位阿姨的口气，她对另一半的收入不确定，甚至有所怀疑，但又不好表现出来。这样的婚姻生活多少会有些压抑，万一哪天没控制好，就是一场没有硝烟的战争。

人们常说："贫贱夫妻百事哀。"其实不见得，夫妻为钱争吵，往往不只是因为没钱，而是因为夫妻双方在钱的分配上出现了分歧。这时候，如果夫妻双方坦诚地谈一谈钱，哪怕多一点"算计"，多一点信任，少一点逃避，少一点怀疑，确定好双方都认可的管钱方式，问题自然迎刃而解。

最后，已婚的朋友给过我这个未婚人士一些有关结婚的建议，或许对你也有用。

1. 要谈钱，不仅要谈，还要深深地谈、细细地谈。

如果是以结婚为目的的恋爱，谈恋爱的时候就要谈钱。最好结婚之前，就把大到房子、小到家具等物品的购置和所属问题谈清楚。共同制订婚后的财务计划，比如买不买保险、婚后双方都需要承担哪些家庭费用、近三年内的财务目标是什么等等。

2. 共同账户与私房钱并不矛盾。

有实验证明，既建立共同财产也留有各自财产空间的婚姻更容易长久。建立一个共同账户，并且双方也自留一些可以自由支配的"私房钱"，尊重彼此的消费观。

3. 努力赚钱，有智慧地攒钱，学习投资理财。

如果你觉得家庭收入少，赚钱的速度赶不上花钱的速度，不要一味地埋怨对方没能力、不会赚钱，更不要责怪自己。钱少就开源节流，一起努力赚钱；钱有盈余就存起来或者投资理财。两个人共同努力，共同进步，婚姻生活也会步调一致，默契有加。

家里的柴米油盐酱醋茶，每一样都需要用到钱。在婚姻里，钱不是最重要的，钱的背后，夫妻双方的态度才是决定美好生活的重要因素。

美好的结合是我们因爱而结婚，对彼此许下永远的誓言。结婚后，谈钱、管钱、算计钱，比只是口中说说山盟海誓，更能给人安全感。

恋爱请主动付款：
戒指好看，也可以自己买

　　电视剧《我的前半生》里有这样一个桥段：唐晶得知自己爱了十年的男友贺涵，爱上了与自己相处十几年的好闺密，而自己手上还戴着贺涵送她的订婚戒指。

　　唐晶摘下戒指，对贺涵说："戒指好看，我可以自己买，我也会自己好好爱护我自己。"

　　瞬间刷来的弹幕把我气到吐血。

　　有人说，唐晶活该，女人太独立，一点也不可爱；有人说，女人不要太强势，还是要依靠一点男人的，不然婚姻会不幸福；有人说，贺涵至少有一半是唐晶主动送给罗子君的……

　　发现老公出轨后，罗子君哭天抢地地撒泼，而唐晶发现男友背叛自己后，则是骄傲淡定地谈分手。试问姑娘们，如果你们遇到相似的状况，是想要像罗子君一样歇斯底里丢尽面子，还是想要像唐晶那样骄傲帅气地面对？不卑不亢，唐晶才是亦舒笔下自信又独立的现代女性代表。

相信没有人想要像罗子君那样，但是当你把你的生活过成了罗子君，你就知道，你没有选择，你已经成了依赖丈夫活着的附属品，离开了丈夫，抵抗生活未知风险的综合免疫力为零，你怎么生活？

如果你想要成为唐晶，那你必须独立，修炼好自己的综合免疫力，不管是在物质上还是精神上。即便你的男友或者另一半完全有能力给你提供衣食无忧的生活。

我认识很多唐晶这样又美又飒的姑娘。她们大多对外独立、坚强，从不依附于任何人；对内，自己的生活和感情也都有明确的目标，敢爱敢恨，从不拖泥带水。

我有个同居室友叫小甜甜，大家之所以叫她"小甜甜"，是因为她长相甜美，声音甜美，爱好配音。圣诞节前夜，小甜甜失恋了，原因很简单，她的男友一则觉得她太过独立，感觉不到自己被依赖；二则觉得有时候两人出去约会小甜甜会大方付钱，一点也没给他留面子；三则觉得小甜甜忙起工作来根本没时间陪他打游戏。小甜甜愤愤地说："我谈恋爱都主动付款了，还勤于工作，努力赚钱，自己养自己，不给他造成压力……做个新时代的独立女性，咋就那么难？"

当天晚上，她什么也没做，状态如常，唯一不正常的地方是，一向胆小的她拉着我看了一夜的恐怖电影。我看得心惊胆战，分分钟想要抱头鼠窜。正想逃走，扭头看看小甜甜，她竟然还在边哭边看，难道恐怖电影也有煽情的部分？

第二天早上，我在沙发上醒来，望望周围，昨夜的一片狼藉早已收拾干净，小甜甜出门上班了。微信收到她的自拍，穿着一身精致的战袍，笑容更是无可挑剔，她说："圣诞节快乐！早餐已做好，厨房自取。"全然不提昨晚发生的事。

不得不说，我的这位室友不仅免疫力够强，自愈力也是非比寻常。爱情失意，职场得意，凭借超强的业务能力，她又一次获得了年度业绩第一，老板给她破格连升两级，"小甜甜"俨然要变身女强人的节奏。

升职后的她更忙了，但一有时间她就充电学习，不断提升自己的职场竞争力，闲暇时间再玩玩她的配音事业，偶尔参加线下配音同好的活动，把自己的小日子过得热气腾腾。终于，在一次配音秀活动中，小甜甜见到了自己心目中的配音大神，还一见倾心，于是主动出击，表了个白。

没想到男神也早早就喜欢上了她的配音风格，只是一直未见到真人。于是，两人一拍即合，谈起了恋爱，一年后结婚了。小甜甜这次算是找对了人，男神一直很欣赏她的独立，喜欢给彼此留有空间，而且支持她的工作，从来不说"女人就应该三从四德、在家相夫教子"之类的话。

社会上常常有这样的声音：一个女人最大的幸福无非是找一个爱自己的人，然后一生被宠爱、被保护。然而，我看过太多罗子君式的前半生，把自己的幸福感和安全感完全寄托在别人身上，一旦发生意外，那就是歇斯底里的崩溃。只是未必有人真如罗子君那般幸运，能有唐晶那样的好朋友帮助，贺涵那样的人生导师启发，再次迎来人生的触底反弹。大多数人都是跌落低谷，一蹶不振。

曾经收到过一个网友私信，她发现她的丈夫出轨了，而且不止一次，她跟丈夫摊牌过，只是丈夫仍然我行我素。朋友们都劝她，别再容忍丈夫的行为，离婚，去过自己的生活，总好过每天疑神疑鬼。

她不肯，不是因为她对自己的丈夫还有爱情，而是因为她无法想象离开丈夫之后生活的窘境。与其说她不想，不如说是她不敢。因为不敢主动离开，所以对丈夫的出轨行为只能选择视而不见。她偷偷在丈夫手机里装了 GPS 定位装置，每天盯着手机监视丈夫在外活动的轨迹，一旦发现有不对劲的地方，就给丈夫打电话询问他的具体位置。如果丈夫撒了谎，她就跟丈夫要 3 千块钱，而电话那边的丈夫，由于做了亏心事，一般都是她要多少就给多少，有求必应。

亦舒曾说过，结婚与恋爱毫无关系，人们总以为恋爱成熟后便会自然而然地结婚，却不知结婚只是一种生活方式，人人

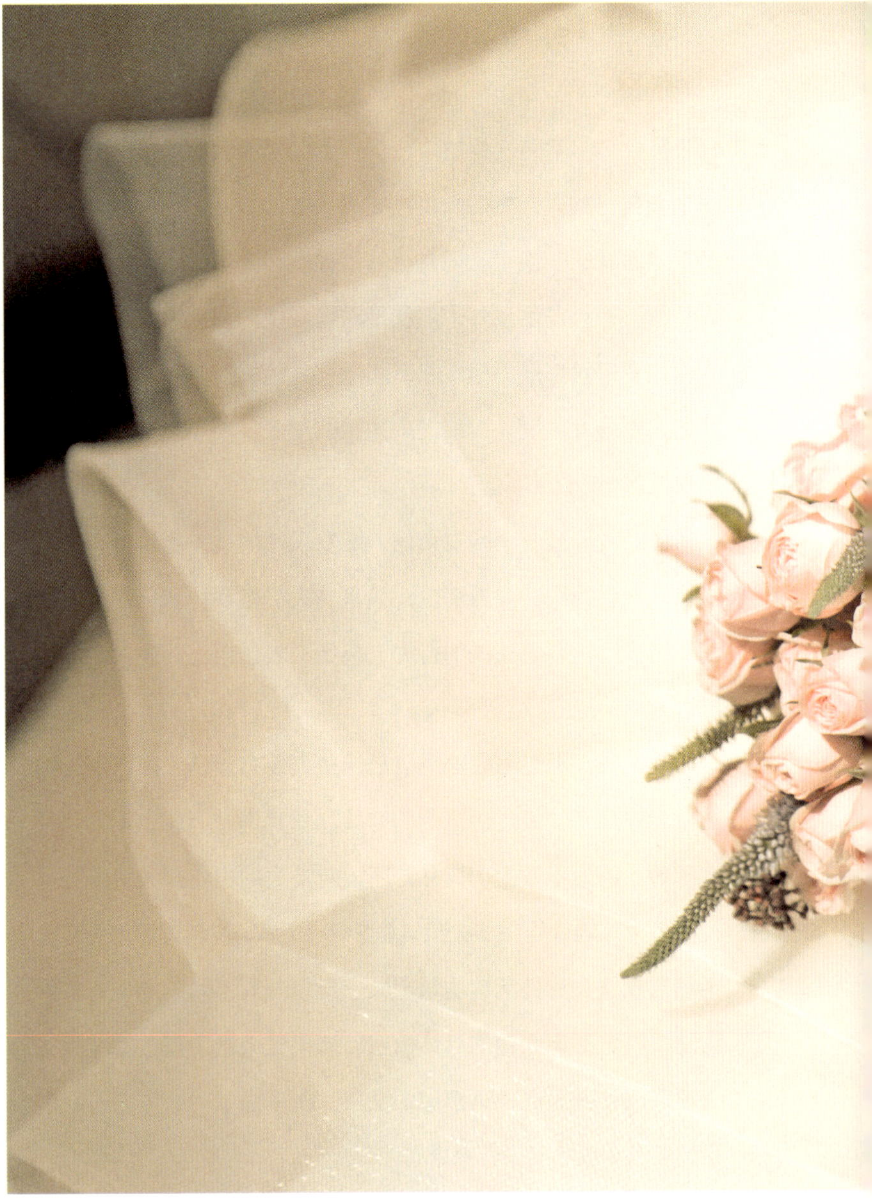

最好的情感关系是"你很好，我也不差"；
最好的婚姻关系是"你能赚钱养家，我也能锦上添花"。

独立是一切健康感情的前提。
相信每一个迎风独立的姑娘，
都值得拥有一份势均力敌的爱情。

可以结婚，简单得很。世上并无美满婚姻，只是看当事人可以
容忍到什么地步。

**最好的情感关系是"你很好，我也不差"；最好的婚姻关系
是"你能赚钱养家，我也能锦上添花"。**在婚姻里，如果女人不
能从男人那里独立，就永远也当不了婚姻中的甲方，充其量只
是个"表面的甲方"。

《我的前半生》中，罗子君的妈妈厚着脸皮跑去求唐晶把贺
涵让给罗子君时，她告诉唐晶，男人如衣服，一件衣服没有了，
你还有钱，你还有赚钱的能力，你还可以买更好的。这句话说
来也有道理，但到底把唐晶气炸了。

唐晶的回复很霸气，她说："阿姨，我的钱和能力不是从天
上掉下来的，是我凭自己这么多年吃苦耐劳打拼来的。你女儿
想有好日子过，可以想想怎么靠自己而不是靠男人。"

独立是一切健康感情的前提。相信每一个迎风独立的姑娘，
都值得拥有一份势均力敌的爱情。

哪怕你还没有遇到爱情，如果你有能力绽放光芒，那就闪
闪亮亮地活着，经营好自己的生活，喜欢的戒指自己买，想吃
的东西自己做，想去的地方说走就走，活出一个有资本、有底
气的人生。

Part **4**

情绪免疫力
做个内心强大的成年人

平静：
与玻璃心说再见，重塑强大的自己

  有一位 71 岁的英国老奶奶，天生感觉不到疼痛，一直过着没有痛感的生活，做手术从来不用麻醉，就连分娩时都感受不到疼痛。医生通过检查发现，她拥有罕见的基因突变，比正常人的愈合能力更强。

  老奶奶每天都很快乐，因为她既感觉不到身体上的疼痛也体会不到心理上的痛苦，所以，她从来不会感到焦虑不安、害怕，天天保持着平静快乐的心情。

  相信很多朋友都想拥有那个突变的基因，让自己可以远离苦痛，永远快乐。然而，我们都是能感受到喜怒哀乐的平常人，有时候，我们感到痛苦，往往是因为我们内心太脆弱。别人一个眼神、一个表情、一句话，玻璃心就能碎一地。**与其把自己的内心寄希望于一个自己根本无法拥有的基因，不如改变自己，修身养性，告别玻璃心，重塑强大的自己。**

有一颗玻璃心的人，往往自尊心过强，把自己看得很重，一受到外界的刺激，不管对方是有意的还是无意的，立马变身成刺猬，攻击别人，伤人又伤己。

2020 年 2 月 28 日，孙杨因为暴力抗检事件被禁赛 8 年，即日生效。其实，2014 年，孙杨已经被禁赛过一次，这次是二进宫了。

孙杨已经 29 岁，禁赛 8 年，相当于体育生涯提前结束。相信很多人都和我一样，为这位体坛天才感到惋惜。

自从活跃在大众视线中，孙杨一直饱受争议。从无证驾驶事件到多次与教练闹翻，从与巴西女运动员当众起冲突到与药检人员起冲突并砸烂自己的血样，孙杨一次次把自己送上舆论的风口浪尖。

先不说情商高低，这些事件无一不告诉我们：孙杨是一个情绪化的人。2019 年，光州世锦赛上，孙杨又遭遇了来自同行羞辱的尴尬，霍顿、斯科特等游泳选手拒绝与孙杨合影；巴西选手卢卡在孙杨主动伸出手欲与其握手的情况下，直接转身离开。

面对霍顿的拒绝合影，孙杨公开发文"你可以不尊重我，但你必须尊重中国"表明自己对此事的态度。硬刚是很酷，但是回应的姿势却不好看。

孙杨把矛盾直接上升了，"霍顿不和我合影 = 霍顿不尊重我

有时候，我们感到痛苦，
往往是因为我们内心太脆弱。

= 霍顿不尊重中国"。这种捆绑式的逻辑，相当于直接把霍顿放到了全中国人的对立面。

已经辞职的孙杨的教练丹尼斯说，如果能忽略那些侮辱或冲突，他可能会更好。

所有的苦痛都有它的来意，当遭遇别人的侮辱时，第一时间不是要发火、怒吼，任由坏情绪摆布，而是收起自己的玻璃心，少向外看，多向内看。**要知道，一个内心强大的人，根本无所谓对手的蔑视或诋毁，在面对这些时，他们反而会凭借自己的能力和人格赢得尊重。**

很多人拿姚明与孙杨对比，因为当年，姚明在 NBA 打篮球时也曾受到过羞辱和委屈，但是我们没有见过姚明有过冲动的回应。

因为起初的不适应，姚明在 NBA 的前 6 场比赛中平均得分 3.3，处境非常艰难，美国篮球界纷纷拿他开涮，开他玩笑，说他是"水货"。

2002 年，已经退役的篮球运动员查尔斯·巴克利，在 TNT 转播室现场与搭档肯尼·史密斯聊天，他说："姚明就是个菜鸟，只要他单场得到 19 分以上，我就亲你的屁股！"巴克利想用这种方式来表达对姚明的不屑与侮辱，他的言论通过电视扩散到了全世界，大家都在等着看姚明的反应。美国媒体更是煽风点火，试图挑起姚明和巴克利的嘴仗。

有位记者在采访姚明时问及此事，姚明幽默地回应道："那我就天天都拿 18 分吧。"他的言外之意是"因为不想让巴克利当众亲吻史密斯的屁股，他宁愿场场得 18 分"。当时，观众都被姚明的幽默和开朗逗笑了。

经过一段时间的努力训练后，火箭客场对垒湖人时，姚明轻松拿下了 20 多分。巴克利不得不兑现自己的诺言，只是史密斯给他换了头驴来亲。之后，姚明再次被问及此事，姚明平静地微笑着说："巴克利就是在开一个玩笑而已……我当时是很喜欢巴克利的。"

我想，姚明这样的心性更适合竞技体育。面对对手甚至是队友的蔑视与侮辱，用幽默和智慧化解尴尬，给彼此一个台阶下，化解了一场冲突，迎来的是观众和对手的尊重。**玻璃心只会把自己的路堵死，一颗强大的金刚心才会让自己的路越走越宽。**

渡边淳一在他的《钝感力》一书中首次提到"钝感力"这一概念。钝感力就是，不把别人的讽刺、嫉妒、中伤放到心里去，是对包容小细节、小瑕疵的豁达态度，是赢得美好生活的手段和智慧。

也许有人会质疑，难道别人所有的不友好甚至伤害，我们都要忍着？我想，我们需要确定一下玻璃心和金刚心对"别人所有的不友好甚至伤害"的阈值。

玻璃心的人对别人的态度高度敏感，别人稍稍一个眼神，他可能会脑补出一个被人冷落或误解的小剧场。金刚心不会沉溺于不好的情绪，能理性地分析问题，即使被领导批评了，领导批评的方向对，自己就吸取教训，矫枉过正；领导批评的方向不对，那跟自己没关系，工作做好就好了。

这就是阈值的区别，对玻璃心的人来说受了天大的委屈的事，在金刚心的人那里，可能完全不成问题。对并不能构成问题的事情，何须忍着呢？有真正强大免疫力的人，是百毒不侵的。

康德说："要有勇气运用你的理智。"这也是启蒙运动的口号。当你拥有告别玻璃心的果敢时，我想你也具备了运用理智的勇气。如果你还未和你的玻璃心说再见，我想你可能需要一些建议或参考。

1. 直面自己的内心，悦纳自己。

每个人的生活、境遇各不相同，有人从小就性格通透，心情很少受外界影响；有人直到老去，才懂得包容与理智的力量。如果你有一颗易碎敏感的心，不要自怨自艾，接纳自己，给自己的情绪留一些缓冲的时间，这样生活将会轻松很多。

2. 提升自己的能力，让自己强大起来。

资深的 HR 朋友告诉我，职场上最怕一种人——没能力、

别忽视平静和理智的力量，那些看似平静却很厉害的人，
都早早地生根发芽，野蛮生长了。

玻璃心、情绪化、没有责任心的人。当你的能力提高到了一定层次，当你和一些格局更高的人在一起时，你会发现自己也变强大了，过往那些在意的小细节早已是渺渺烟云，飘散不见。

3. 充分利用闲暇时光。

有的人会玻璃心是因为太闲了，所以才会想太多。忙碌起来的时候，真的看不到那么多在意的问题。闲暇的时光，与其发呆乱想沉溺在坏情绪里，不如静下来多看看书，精进智慧，或者多赚点钱，为未来增值。

没有谁生来强大，只是那些强大的人早早告别了玻璃心。别轻易定义自己的人生，跟玻璃心说再见，走出来看看，你会发现，外面什么都没有，只是你自己的心境不一而已。别忽视平静和理智的力量，那些看似平静却很厉害的人，都早早地生根发芽，野蛮生长了。

让自己强大起来，不再做情绪的木偶，比起发脾气，平静一些，理智一些，更是属于成年人的表现。

清除:
别被坏情绪绑架

任何时候，我们都不应该被坏情绪绑架，相反的，我们应该学会控制自己的情绪。无论遭遇了多么糟糕的境况，我们都应该努力改变自己、提升自己，支配周围一切可利用的资源，把自己从泥泞的沼泽中救出来。

然而，人并非生来就会控制和疏导坏情绪，坏情绪没有得到及时的疏导，就会积压在身体内部。有研究表明，当人们产生坏情绪的时候，身体的免疫系统是最先受到攻击的。因为坏情绪会在内分泌系统和五脏六腑留下永久的痕迹，损害身体的免疫力；一旦免疫力下降，你的身体抵抗外界细菌或病毒的能力就会减弱，这正是疾病来临的缘由。

我的小外甥一向身体强健，很少生病，但是每隔一段时间，就会莫名其妙地发烧。姐姐告诉我，每次他们夫妻俩吵架，小外甥就会发烧。这种情况用中医的话讲是"情志致病"。

孩童尚且如此，大人更不用说了。生气、发脾气的时候开车，出现事故的概率是平时的9.8倍；吃饭的时候发脾气，会直接导致消化不良；生气的时候运动，发生心梗的概率是正常状态下的3倍；经常情绪暴躁、生闷气的人，患癌的概率也会大大增加……

我们得以幸福生活的资本，就是保持乐观愉快的情绪和良好的身体状况。**最好的养生之道，既不是吃什么食物，也不是做什么运动，而是不生气、不要情绪，保持内心的平和。**

此刻，如果你还有情绪垃圾，请立即永久地清除，因为它们会一点一点地破坏你的免疫系统，蚕食你的健康。

除了对健康不利，容易被坏情绪绑架的人也往往给人情商不高的印象。别人一句不经意的话可能就戳到了他的痛点，或者他只是在别的地方遇到了不顺心的事情，于是便对着别人一顿狂轰滥炸式的发泄，嘴里说话的速度比脑子转得快，直到把别人惹得不愉快了，不欢而散，自己也生了一肚子气。事后冷静下来还很愧疚，想要跟别人解释一下，却放不下面子，只能假装若无其事，不道歉，也不解释。长此以往，不管是生活中还是职场上，情绪化的人都会变成人人不敢靠近的"仙人掌"。

对于容易被坏情绪绑架的人，心理学家武志红说："当你被情绪控制时，你要做的就是慢下来，去感受这份情绪。比如你要被一件事或者一个人气炸了，那么应该做的不是冲出去理论，发泄一通，而是先坐下来，用身体感受一下为什么会生气。不要试图控制生气的想法，让它自由流动，相信会有不错的效果。"

前同事 Riki 就是这样的人，尤其在自己出来创业之后，本来就情绪化的她更是常常焦虑、过度紧张。有一次她被一个大客户放了鸽子，心里十分不爽，了解她的员工都心照不宣——这种情况下，不要去招惹他们的老大，自己能处理的事情尽量自己处理。如果有需要 Riki 签字处理的案子，可以等她气消了之后再去。

这样做有一个很大的坏处，就是有很多需要 Riki 及时处理的案子常常被延误，大大影响了客户满意度，整个团队也变得越来越拖拉，工作效率低下。

有的时候 Riki 还会把坏情绪带回家，妈妈日常唠叨几句，她能顶回去十句，直到把妈妈气得不想跟她说话；儿子本来想来跟她玩会儿，看见她满脸杀气，只好抱着玩具悄悄走开；丈夫想凑过来安慰几句，又被数落家里没收拾干净……直到有一次，Riki 想上洗手间，在门口听到刚刚被自己顶到说不出话的妈妈在里面低声抽泣。

Riki 进行了一番自我反省后，深知只有自己改变了，团队才能改变现状，家里的情绪才能流动起来。她给自己规定，每次想发飙的时候，给自己3分钟的冷静时间，想清楚自己为什么想发脾气。如果是自己的事情，想清楚了就不要胡乱发泄；如果真的是员工工作上出了问题，就要对事不对人，客观地提出问题，与员工一起探讨解决问题的方法；如果家人有什么问题，用智慧思考，想出家人乐于接受的解决方式。

果然，不到一个月，大家都看到了 Riki 的改变，公司里员工认为他们的老大公正客观，做事能够以身作则，值得追随。家人们觉得 Riki 比之前温柔了许多，家里的氛围也变得和谐幸福了。Riki 的朋友也越来越多，社交圈不断拓展，公司的业绩实现连番增长。Riki 感受到这些变化，也越来越喜欢情绪稳定的自己。

村上春树在他的《舞！舞！舞》里写道："你要做一个不动声色的大人了。不准情绪化，不准偷偷想念，不准回头看。去过自己另外的生活。"我们已经过了不想长大的年纪，有多少人仅仅只是知道自己已经不是小孩子了，却还没有成为一个合格的大人。甚至有很多"大人"已经为人父母，还时常对着自己的孩子发泄情绪，给下一代带去所谓的"原生家庭"阴影。

2017 年，杭州人的朋友圈疯传着一个视频，视频中，妈妈不顾围观路人的劝说，上去猛踹了孩子一脚，而那个两岁的

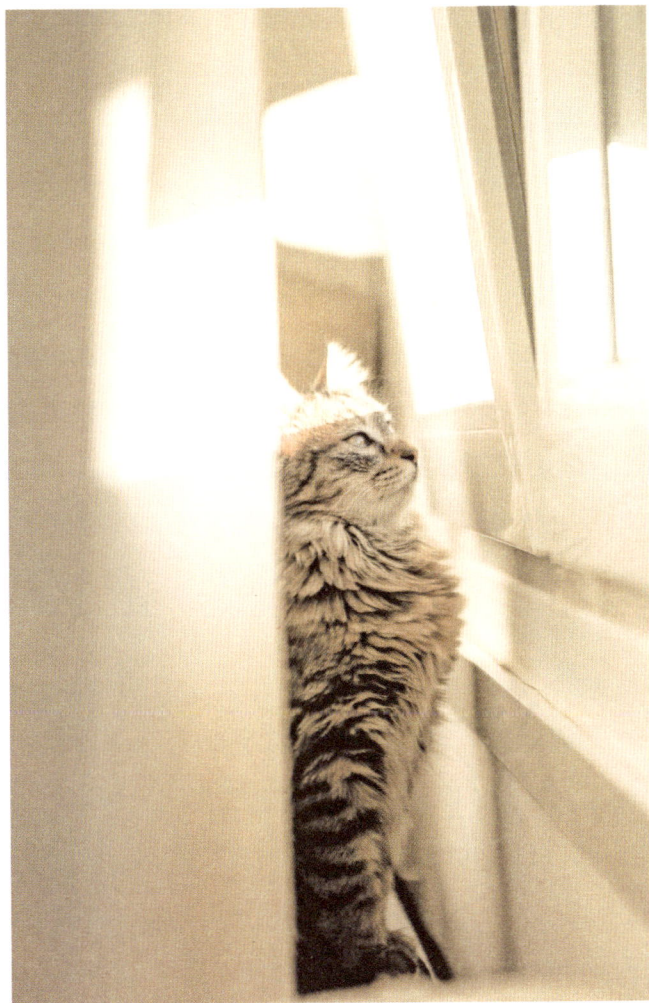

一个人成熟的标志之一就是学会管理情绪，
这是我们成长中的必修课。

小女孩，趴在地上，泣不成声。究其原因，竟然是孩子吐了一口香肠，生活困难的妈妈一下子怒了，将对生活的愤怒全都发泄在了两岁的孩子身上。

家庭环境的和谐稳定对孩子的成长尤为重要，有一对情绪稳定的父母胜过有一百个好老师。所有自信、幸福的孩子背后，基本都有一对情绪稳定的父母。

人成熟的标志之一就是学会管理情绪，这是我们成长中的必修课。很多人还没有做好情绪管理，不是因为情绪管理很难，而是未曾体验过不被坏情绪绑架的自由。真正的情绪自由不是人人都能做到的，但是也许你可以借由以下的方法帮助自己不被坏情绪绑架。

1. 遇到问题，要冷静。

当遇到棘手的问题时，再三告诉自己要冷静。如果做不到，可以先闭上眼睛，放空一下，深呼吸，确定自己足够冷静的时候再做决定。

2. 将注意力从坏情绪上转移。

俗话说："眼不见，心不烦。"远离那些引起你不良情绪的场所或人，就等于远离坏情绪。走进大自然，看好看的风景，吃好吃的东西，做自己喜欢做的事情。让整个人慢下来，无须理会坏情绪，坏情绪也不会理你。

3. 寻找合理的方式疏导坏情绪。

人人都有坏情绪，坏情绪来临时，万万不可积累，要懂得适度地调节和疏导。倾诉是很好的疏导方式，你可以向自己的朋友、心理医生倾诉，说出让自己不愉快的原因。有的时候倾诉也是一个自我梳理的过程，搞清楚了自己坏情绪的源头，心结也就打开了。当再次面对相似的场景时，你的情绪免疫力也提高了。

余生不长，活着，并且健康地活着，就是最大的幸福。因为一时的坏情绪，毁了自己的健康，伤害了身边关心自己的人，更伤害了自己，简直是莫大的愚蠢。

我们虽然无法阻止坏情绪的产生，但是我们可以提高自己的情绪免疫力。真正的高贵是优于过去的自己。希望未来的你，不会再被坏情绪绑架，活出情绪稳定的高级感人生。

积累：
你的经历，也是你的财富

　　我有重读旧书的习惯。读的虽然是旧书，但每次重读，都会有新的视角和感触。

　　小时候初读美国女作家弗朗西丝·霍奇森·伯内特的《秘密花园》，只是被主人公玛丽的古灵精怪和英国乡村的美好风光吸引。现今重读后，发现了更深层次的意义。主人公玛丽和她的表弟柯林都因为没有亲身经历过大自然而性格孤僻或体弱多病。在经历过大自然的阳光风雨后，他们的性格变得开朗乐观，脸色红润起来，身体恢复了健康。

　　外面的世界纵有危险，但也有更多的精彩，走出自己的世界，不要怕受伤，去经历风雨，也去经历阳光。**终有一天，你会明白，你所有的经历成就、你见过的场面、在经历中积累的经验和教训，都会成为人生的财富。**

我们成长的每一步都是由经历组成的，只是有些经历给我们带来快乐，有些经历给我们带来痛苦。正因为这些经历过的快乐和痛苦，我们未来的路才能走得更好。

读研期间，一位好朋友YY打电话来说她生病了，那个时候，她还不知道自己得的是肺炎，只知道医生从她的胸腔里抽出了三大袋肺部积水。

那段时间正好是YY备战考研的关键时期，当时她一个人在外生活，不知是考研压力过大还是吃饭不规律、休息不好，她的免疫力格外地差，肺炎才得以乘虚而入。肺炎确诊后，她的身体状态一天比一天差。她妈妈一直陪着她辗转各个医院，寻求有效的治疗，爸爸则在家赚钱供给在前线与病魔战斗的母女俩。

我和YY一直保持着联系，那个时候，微信还未普及，YY需要倾诉时就会给我打电话。你知道，那种孤独无助的时刻，倾听比说任何鼓励的话都重要。

YY说，她竟然一点都不悔恨自己生病。在生病之前，YY曾经以为爸爸妈妈重男轻女，不关心她的感受，只疼爱弟弟。生病之后，妈妈一天也没休息过，夜里医院没有陪护病床，只能睡在地上，妈妈也不曾抱怨过一句；就算她因为病痛发脾气，妈妈也从来没在她面前沮丧过，仍然微笑地陪着她。爸爸也每天打电话询问YY的病情进展，叮嘱妈妈照顾好YY。YY终于

每个人的一生中都会有痛苦难熬的时刻，
虽然有伤痛，但却是刺激我们提升综合免疫力的契机。

知道原来爸爸妈妈那么爱自己，而自己之前却一直不满足地要求这要求那；稍不满意，就闹得全家不得安宁。从那以后，YY再也没埋怨过爸爸妈妈，她可以从很多小细节里感受到爸爸妈妈的关心，而且懂得了主动帮爸爸妈妈照顾弟弟。YY的爸爸妈妈也察觉到她比以前懂事了，越来越能体谅父母的心。虽然YY生着病，但是一家人却前所未有地团结。

YY熬到了肺炎痊愈，但是因为激素用药，她整个人胖了好几圈，也落下来股骨头坏死的并发症。本来以为可以再次准备考研的YY，面临的却是再一次地与病痛抗争。因为股骨头坏死，医生建议她尽量少站立和行走，但她仍坚持锻炼，每天骑自行车5千米，她说，陪伴着自己的身体慢慢好起来的感觉太棒了。

终于，养好了身体，YY重新备考，考上了研究生，并顺利完成了学业，成功找到了自己喜欢且高薪的工作。

YY说，一场大病让她更了解自己的身体，更懂得亲情和健康的可贵。在了解的基础上，她更珍惜自己重回健康的身体，努力保持健康的生活习惯，早睡早起，再也不熬夜刷剧；好好吃饭，再也不隔三岔五地节食减肥；每天运动，坚持锻炼身体。如今的她，身材比生病之前匀称了很多，整个人也更健康、更精神了。

每个人的一生中都会有痛苦难熬的时刻，虽然有伤痛，但

是却是刺激我们提升综合免疫力的契机。因为有些事情，本来就要经历过才懂得。待我们走过那段痛苦的经历，会更懂得珍惜自己生命的所有，这都是人生中无法估量的财富。

人生的道路总是曲曲折折，起起落落，痛苦的经历让我们淬炼成长；成功愉悦的经历则让我们相信未来，内心充满力量。

曾在知乎上看到过一个高赞回答，答主的爸爸是一个文艺爱好者，酷爱《三国演义》。曾经在答主初一的暑假，用抄写一章给 100 块的奖励，让无所事事的答主抄写了《三国演义》全文。为了训练答主的专注力，爸爸要求她不能用涂改液，每章涂改不能超过 5 处。最后，答主手抄了整本《三国演义》，一共 120 章，当然，答主也如约拿到了爸爸承诺的 1.2 万，成就感爆棚。

起初，答主抄写《三国演义》只是为了赚钱，没想到，高考语文中"名著阅读"部分，当别的同学为此焦头烂额的时候，答主无须备考也能轻松答对，她也因此有了更多的时间复习其他名著。最终在高考中，40 分的语文附加题，答主拿到了 35 分。答主说，拿到成绩单的那一刻，比拿到钱更让她有成就感。

这位答主回答的问题是"哪一瞬间让你觉得自己的努力没有白费"，她用她的真实经历证明，没有什么经历是无意义的，我们走过的每一步，都算数。

也许你现在所经历的，正是你认为无用的努力，但请不要着急转向，人生有太多轻易地改变并非好事。试着把你正在做的事情深入一点，专注于你所做的事情，并尽最大努力做好。说不定，在未来的人生大考中，那段看似黯淡无光的"无用的努力"，正是人生大考的完美答案。

那些看起来很容易的成功，只是看起来容易，其实无一不是来自日日月月的积累。永远不要嫉妒或嘲讽一个人的努力，只有努力爬到过最高峰的人，才有资格俯视别的山峰。

那些被人们忘却的失败，只是被别人忘记了而已，没有永远的失败者，那些失败的教训早已化为日后成功的养料。即使之后再经历更痛的失败，他们也会毫不畏惧。只有经历过坎坷苦难的人，才能在痛苦和灾难面前淡定从容。

成功的经历也好，失败的经历也好，只要用心走过一遭，便都是好的经历。做一个用心的人，将好的经历积累起来，便是日后不灭的财富。

改变：
先处理事情，再处理情绪

在成年人的世界里，情绪是没用的东西。无论你有多丧，太阳依旧会升起，工作依然要进行，账单日依然会如期来临；无论你的心情有多雀跃，每天的行程表依然要按部就班，该严谨对待的事情依然要认真去做。

真实的生活不是歌舞片，遇到事情你可以先唱歌加跳舞来一段内心独白，先抒发一下情绪，再来处理事情。真实的生活不会为你的情绪按下暂停键。

先处理情绪不仅解决不了任何眼前的紧要问题，还会把事情推向更难堪更失控的局面。

2020 年的元旦，新一年的第一天，我和最好的朋友吵了一架。

那天，我本来以为她会和男友一起庆祝新年，但她约了我去吃火锅。见面后，朋友便跟我吐槽男朋友，我边听边跟她分析，其实她也有做得不对的地方。最后，刚想来一句总结，朋友突然不说话了，表情严肃，她对我说："我很失望，我以为你是最了解我的，你说的那些大道理，难道我不懂吗？我只是希望你站在我这边，顺着我的话说，帮我把坏情绪发泄出来。"

我坚持自己的观点据理力争，最后我们两个对彼此都很失望，闹了个不欢而散。

分开之后，我一度以为自己错了，坏情绪也随之而来。我似乎应该顺着她说，跟她一起吐槽她的男友。

后来，我冷静下来，我意识到我们吵架的问题症结在于：我想帮朋友认识并面对自己的问题，然后一起想办法解决问题，舒缓她和男友之间的关系；而我的朋友只是想发泄一下情绪，并未想要解决问题。既然朋友清楚自己的问题，我想我需要给她一段冷静的时间。

很多人都在说要先解决情绪，再处理事情；但是，我认为应该先处理事情，再解决情绪。因为先处理情绪，会让我们误认为处理好情绪就等于问题已经解决了。然而，世界上的事情往往是一码归一码的，问题是问题，情绪是情绪，情绪处理好了，真正的问题却还是摆在那里等着我们去解决。

如果那天我顺着朋友的意思，跟她一起吐槽，一起说她男友的坏话，她也许心情能好起来，我们一起欢欢乐乐地吃一顿火锅宴。但是她和男友之间的矛盾仍然存在，仍然需要解决。而且，如果我不分青红皂白地站在朋友这边，会更加深朋友心中"都是男友的错"的意识，这只会导致他们的隔阂更深，完全无益于解决两个人之间的矛盾。

元旦过后的第一个周末，朋友和男友要请我吃饭，我想他们的问题应该是解决了。

见面后朋友跟我说，那天我说的话，虽然不是她想听的话，但是她都听进去了。回去之后，男友联系了她，两个人都没有为了哄对方开心简单粗暴地直接认错，而是心平气和地交换了一下彼此的看法。就这样，矛盾解决了，两个人的感情又更近了一步。

在遇到事情时，人人都会产生不好的情绪，很多人首先想到的就是用简单粗暴的方式讨好自己的情绪，而不是去自我分析，解决深层次的问题。这样做的结果只能是错过解决事情和自我提升的良好时机。和父母吵架了，来一场说走就走的旅行，看似洒脱，倒更像是狼狈地逃避；工作上出现问题，被领导批评了，一掷千金买个包包安慰自己，坏情绪是解决了，但是信用卡账单又多了重重的一笔，工作也毫无长进。

如果改变一下做这些事的顺序呢？遇到事情先解决事情，解决好了事情，对自己和别人都有个合理的交代之后，再来买

比起花钱一时爽，
靠自己的努力和自我剖析
解决了事情的成就感更爽。

喜欢的东西犒赏自己。**比起花钱一时爽，靠自己的努力和自我
剖析解决了事情的成就感更爽。**

其实，本来我也是一个先处理情绪再处理事情的人，进入
职场后，我才学会先处理事情，再处理情绪。这是我工作以来
最大的改变，对我的生活也有很大助益。

刚入职场时，我的设计稿常常被甲方打回重改，一开始我
都秉持着一切以客户的需求为中心的原则，耐心地了解甲方的
意见和想法，一遍遍地修改设计稿。但是遇到既不懂专业，也
不懂审美，还自以为是的甲方时，就很头疼了。设计稿越改
越没有感觉，我的耐心全被耗尽了，内心的急躁随时都要爆发
出来。

最重要的问题是，这些情绪导致我工作效率低下，拖慢了
整个团队的工作进度。当时的我认为自己很倒霉，栽在了一个
不明就里的甲方手里，把这一切的责任都推给甲方，认为都是
他们的问题才导致了这个后果。

有一个就事论事的领导的好处是，他可以直接忽略我的感
受，尽量根据已知信息把自己带入其中，分析问题，解决问题。

没有对比就没有成长。旁观了领导处理事情的全过程，我
意识到是自己的沟通话术有问题，跟客户沟通时，用了那么多
专业术语，客户自然无法完全理解我的设计意图。

此后的工作中，我不断提升自己的沟通能力，现在的我，

已经是能够自如应付难缠客户的优秀设计师了。

我想，那些坚持先处理情绪，再处理事情的人，是搞错了问题的关键所在。事情是坏情绪的源头，解决了事情，坏情绪自然也能连根拔起。不仅舒缓了心情，还能获得处理好事情的成就感。如果每次都先讨好情绪，把事情搁置在一边，自己很容易陷入情绪无法自拔，精力和斗志慢慢被稀释掉。而且事情放着不处理还有可能出现新的问题，最后，事情和心情都被搞得乱成一团。这既无益于自我成长，也无益于提升情绪免疫力。

所谓好的人生，就是把关键的几件事情一一处理好，保持情绪的稳定和内心的平和。**只有先处理事情，才能主动掌握控制情绪的权利**。如果你总是处于先发泄情绪的被动局面，我的亲身经验或许对你有用。

1. 不要总是独自做决定。

诚然，我们生来就被鼓励独立自主，但不是所有事情我们都能靠自己的能力解决，总有一些我们自己无法扛下来的事情。遇到这些事情，要记得适度地跟别人商量着做，切忌独自武断做决定。生活上的事和家里商量，工作上的事和同事以及领导多商量，这样你会轻松很多。

2. 重视心流的力量。

所谓心流，就是一种将个人的精神力完全投注在某种活动上的感觉。实验研究表明，把注意力投入到一件喜爱的事情上，

只有先处理事情，
才能主动掌握控制情绪的权利。

能起到疗愈身心的作用。身心得到了疗愈，综合免疫力也能得到提升，不管遇到什么事情，强大的身心都能让你保持冷静和理智，不做情绪的奴隶。

3. 不要轻易暴露自己的情绪。

每当你暴躁不安想要发怒的时候，告诉自己单纯地宣泄情绪只能暴露你的不成熟，而一个不成熟的人，情绪很容易被别人利用。

其实，我们经历过的都知道，一般的情绪来得快去得也快，无须太拿情绪当回事。不要老是被情绪牵着鼻子走；被动的人生，谁都不想过。

学会接纳自己的情绪，在心里给情绪一个容器。遇到事情，有了情绪，先把情绪安放其中，先处理事情，才是解决问题的根本。

放弃：
情感断舍离，勇敢说再见

曾在《阿狸·永远站》里看到过这样一句话：人这一生，会遇到8263563人，会打招呼的是39778人，会和3619人熟悉，会和275人亲近，但最终，都会失散在人海。

我不知道这个数据来自哪个数学模型，但我心里清楚，这大概就是事实。那些在我们生命中经过的人都是步履匆匆，来来去去，人总要独自前行，最终剩下的只有我们自己。

不管是友情、爱情抑或是亲情，如果一段关系已成将就，已经成了你身心的负累，你就要懂得适时地放弃，跟那段关系、那个人勇敢地说"再见"。

情感断舍离，就是在充分了解自己性格和需求的基础上，舍弃不必要的、有负累的情感关系，放弃无效社交；勇敢地告别曾经，才会迎来轻松自信的未来。

曾经在微博收到过一位小读者的来信，她是一名高中生，因为性格开朗活泼，经常热心帮助其他同学，所以她有很多朋友。身边朋友有什么事，都爱找她帮忙，她也很喜欢身边有很多朋友陪伴的感觉。如果哪一天身边没有朋友了，她恐怕会觉得世界末日一般。

但是最近，她注意到，在与一些朋友的相处中，一直都是她付出比较多，很少有朋友帮她的时候；而且每次跟那些朋友相处完，常常要舒一口气才舒服，有一种类似"解脱了"的感觉。

可是，那些人都是朝夕相处的朋友，每每有朋友提出请她帮忙，她都不忍拒绝，尽管心里满是不情愿，也只能自己默默别扭着。她担心自己拒绝之后，朋友会跟她疏远，自己的朋友会变少。

其实，在一段关系里，很难有绝对的对等，你付出多少，对方就也付出同等的程度，这是不可能的，总有一方会付出得多一点。一段关系得以长久维持的秘诀，就是付出较多的一方不在意、不计较。如果付出较多的一方很在意，却压抑自己内心的不愉快，勉强维持，这样的关系不会长久，终有一天，被压抑的一方会爆发出来。趁两个人情绪尚佳的时候，微笑着说再见，总好过彼此撕破脸不欢而散。

半个月后，小读者再次发来私信，她说自己拒绝了一位男生朋友要她帮忙写情书、递情书的请求，并且勇敢地对那位男生朋友说："我的时间和精力有限，忙于学业尚且不够，没有时间陪你追女孩，以后如果是与学习无关的事情，请不要打扰我。"她没想到那位男生朋友反而给她道了歉，并且再也没有让她帮忙做一些乱七八糟的事情了。

　　小读者还用类似的方法筛掉了一些朋友，精简了自己的朋友圈。她第一次尝试着独自坐车回家，静静地感受一个人的自由，再也不用时常顾及别人的感受，再也不用努力活跃气氛了。她有了更多的时间学习和思考，这使得她的学习成绩有所提高，自我成长也有所精进。

　　情感断舍离，"断"的是不存在的期待，"舍"的是无关的烦恼，"离"的是阻碍自己成长精进的一切。顺从内心的真正需求，坚定想要达到的目标，坦然面对自己的一切，对不必要的关系和无效的社交勇敢说"再见"，这意味着你开始懂得取舍，知道自己想要什么、不想要什么。

　　我们慢慢成长的过程，就是从害怕离别到逐渐学会说"再见"的过程。小学毕业时要与朝夕相处了五六年的同学说再见，我们依依不舍，拉着小手发誓说不要忘记彼此，然而大多数情况是，我们进了不同的中学，有人搬家，有人移民，从此再难见面；初中毕业后，朋友圈又要被刷新一次，我们约定，要考进同一所高中，结果却是我们进了同一所学校的不同班级，各自忙于学业，各自有了新的朋友，很难再相聚；高中毕业，一

情感断舍离，
"断"的是不存在的期待，"舍"的是无关的烦恼，
"离"的是阻碍自己成长精进的一切。

同经历了高考的我们互留同学录，互留微信、QQ，然而班长建的 QQ 群、微信群，只有在刚建群的时候大家比较活跃，一段时间后便无人再说话；大学毕业，尽管全班同学哭成一团，散伙饭喝倒一片，最后一直保持联系的还是跟自己留在同一个城市工作生活的朋友；进入职场后，同事很多，却很难再交到可以交心的朋友了。如今的我们，身边还有三五个可以交心的朋友就已足够了。

我们已经从那个热泪盈眶地同朋友依依惜别的少年，长成了微笑告别、互道珍重的大人。时间告诉我们，该放下的时候就要放下，该看开的事情就要看开。余生很短，勇敢对过往说再见，珍惜身边的朋友，不对任何人抱有太多的期待，做一个容易满足的人，我们的情绪免疫力就能抵御未来许多的离别伤感。

海子说："我们最终都要远行，最终都要与稚嫩的自己告别，告别是通向成长的苦行之路。"我们需要告别的不仅仅是没必要再维持联系的朋友、分开的恋人，更要告别过去那个单纯稚嫩的自己。永远让自己保持活在当下的心情是一种能力，需要我们自己慢慢培养。

山下英子在她的经典著作《断舍离》中也提到过："感情也需要断舍离。"这是我们提升情绪免疫力的一门必修课。对待过去的感情，唯有好好告别，我们才能勇敢往前看。其实，做到情感断舍离没那么困难，只要做到以下几步，你就成功了一半。

1. 摆脱对完美关系的执念。

对完美关系的执念完全可以解读为，一段关系中，对完美对方的执念。在爱情或婚姻中，如果一直活在对完美伴侣的执念中，自己对感情、婚姻会越来越失望，另一半会越来越没自信；在友情中，始终保有对完美朋友的执念，两人友谊的小船也会说翻就翻。

2. 不要将已经逝去的感情回忆存放超过三个月。

物品断舍离告诉我们，超过三个月不用的东西，大概率上你这辈子都不会再用了。情感也是如此，一段情感既然已成过去，就要好好放下。

3. 保持初心，相信自己值得更好的。

很多人在一段情感过去后，都会陷入回忆和深深的自我否定中，认为是自己不够好、不配拥有。其实，事实并非如此，你要相信所有你失去的，终将以另一种形式归来。能在感情里保持初心的你，值得遇见更好的人。

有时候，微笑着说再见也是一种圆满；勇敢地对过去的情感说再见，把难过的记忆扔掉，心情才不会永远在阴霾密布中搁置。

情感断舍离也许听起来很悲伤，但它从来都不是悲伤的告别，而是与自己以及未来要留在你世界里的人的欢喜相遇。

Part **5**

终身受益的自我管理
没事早点睡，有空多挣钱

时间管理：
凡事提前 10 分钟

　　最近新学到一个词"时间商"，指一个人对待自己的时间的态度、对待别人的时间的态度，以及运用时间创造价值的能力。

　　看到这个词，我立刻想到了那位带着四个娃还拿下哈佛硕士学位的日本妈妈吉田穗波。后来她还出版了自己的书《就因为没时间，才什么都能办到》，分享自己神奇的时间管理术。吉田的时间管理术中有一条就是拒绝拖延，别想那么多，别找理由，迈出第一步。

　　人类大脑的天性是懒惰的，很多人都有拖延的倾向。不管因为什么原因，只要是能推迟的事情绝对会拖到最后一刻才去做。然而不是所有人都能在 deadline（截止时间）时刻瞬间高能，完成所有该做的事情，**大多数人拖延后的结果，是眼见着完美计划泡汤。**

经验告诉我们，仅仅是一件事的拖延，就可能会引发一系列的连锁反应，影响一整天的心情和状态。但凡提前 10 分钟，你会发现自己做事的状态完全不同。

相信很多人的一天都会这样开始。

清晨，提前定好的闹钟响了，你迷迷糊糊地摸到手机，按下"10 分钟后提醒"，然后倒头继续睡。10 分钟后，手机再次响起，你才拖着满身的不情愿和起床气坐起来，清醒后想起来，虽然只拖了这 10 分钟，但很可能会错过一趟公交车；而再等下一辆，上班必定会迟到。于是你马上冲进洗手间，快速洗漱，换衣服时，却发现前一天晚上竟然忘记提前准备好第二天要穿的衣服，于是你不管三七二十一，随便搭了一身衣服，跨上包就准备出门，心里想着跑着过去还有可能赶上公交。

出门前戴好眼镜，对着穿衣镜一瞥，正为自己胡乱搭配的衣服而得意时，忽然发现脸上起了两个痘痘。赶忙抓起粉底液、遮瑕膏抹了几下，再看时间，再不走真赶不上了。

箭一样地冲出电梯，跑向公交站，可惜事与愿违，才跑了几步你就气喘吁吁，再也跑不动了。心里一边埋怨自己为什么不把跑步坚持下来，一边慢吞吞地跑向公交站。

终于到达公交站，早已站在那儿的志愿者阿姨微笑着告诉你，那趟公交车刚刚过去一辆……

如果提前 10 分钟起床呢？

首先，我们来做一道简单的数学题，提前 10 分钟起床，比起闹钟响两次才起床多出了 20 分钟。起床后，你可以整理好被子，对着外面的阳光不慌不忙地伸个懒腰，跟自己养的猫说声早安，然后化一个精致的妆容。就算发现前一天晚上忘记提前准备好第二天要穿的衣服也无须着急，自己果断搭一套就是。你可以慢慢走路去搭公交车，路过早餐店，还可以买一份早餐。

这就是提前 10 分钟做事的魔力。**人生就是由一个个环节组成的多米诺骨牌，只要一个环节出现了错乱，耽误了时间，下一个环节就会受到影响。**

当然，时间管理是一个大课题，虽然"凡事提前 10 分钟"并不能解决一切时间问题，但是有利于我们优化心智模式、保持健康的身体状况、养成良好的习惯。

提前 10 分钟，可以给情绪一个缓冲的时间，锻炼情绪免疫力。不论是生活还是工作，我们难免会产生自己一时无法调和的情绪。凡事提前 10 分钟，可以让坏情绪有一个缓冲和稀释的时间，这样不掺杂情绪地做事或做决定，我们才能冷静理智地做好事情，保证一切都井然有序地进行下去。

提前 10 分钟，可以让我们保持从容淡定，不会为了赶时间做对身体不好的事情。提前 10 分钟吃饭，我们可以慢慢地吃，喂饱自己的胃；提前 10 分钟出门，我们可以慢慢地走去

人生就是由一个个环节组成的多米诺骨牌，
只要一个环节出现了错乱，耽误了时间，
下一个环节就会受到影响。

等公交车，无须迎风奔跑，无须冒闯红灯的危险；提前 10 分钟躺下睡觉，我们可以早早进入睡眠状态，失眠便不会找上门；提前 10 分钟到健身房，在健身教练上课之前，我们可以自己先做拉伸，唤醒沉睡的肌肉，避免自己在健身课上受伤……

提前 10 分钟，可以让我们养成凡事做计划并严格执行计划的好习惯。在真正开始做事之前，给你 10 分钟的时间，你会做什么？我想大多数人都会在脑海中，预先把待办事项的各个环节走一遍，这就是做计划。当我们把每一个环节都考虑清楚，对可能会出现的问题做出预设后，就不会怕这怕那，不会想太多，行动力便会大大提升。

凡事提前 10 分钟的要义，并非机器般地严格设定，"必须提前 10 分钟"，而是一种凡事提前准备、不拖延的积极态度。要知道，机会总是会留给那些早有准备的人。同时，这种态度也是我们不断提高综合免疫力的重要因素。

命运不会亏待每一个用心利用时间的人。坚持"凡事提前 10 分钟"一两天，可能你的生活并没有什么变化；但是坚持 100 天，你会看到它的神奇力量，你的事业、你的家庭、你的气质风貌都会向着更好的方向发展。参考下面一些做法，你会发现坚持下来，其实并没有那么难。

1. 抵制诱惑。

摧毁我们自制力的最后一根稻草，往往是无处不在的诱惑。

提前 10 分钟到教室上课，看到已经设置静音的手机亮了两下，又忍不住打开手机；提前 10 分钟起床，上完厕所回到房间，温暖柔软的被窝在向你张开怀抱，于是又想躺一下，结果一躺又睡着了……

关于如何抵制诱惑，作为过来人的我很有发言权。我有两种抵制诱惑的方法：强化角色意识和理性分析诱惑。

强化角色意识就是，时刻用自己的角色提醒自己。比如，你是一个上班族，就必须准时上班才不会被扣薪水；你是一个自由职业者，就必须坚持写文章才会有收入。

理性分析诱惑就是，当面对诱惑时，先理性地设想一下，想清楚自己是否能承担选择诱惑的结果。当你想熬夜刷剧时，就想想第二天昏昏欲睡，因为工作进度缓慢而被客户夺命连环催的样子；当你想吃高热量食物时，就想想自己油腻发胖的身体。

2. 把握动机，注重目标反馈。

真正的自律，不是机器般机械地执行计划，而是时时根据目标反馈做出调整，灵活地执行计划。如果说目标是你努力的方向和终点，反馈便是你的眼睛，它决定你能否走在正确的路上。比如习惯了熬夜和晚起的你突然决定早睡早起，你的生物钟根本无法一下子调整过来，此时，你可以根据身体的反馈，慢慢调整作息时间。

凡事提前10分钟的要义，
并非机器般地严格设定，"必须提前10分钟"，
而是一种凡事提前准备，不拖延的积极态度。

3. 制订计划并执行。

开头提到的吉田女士，她会在每周周一一早就做好周计划表，而且会把最小时间单位精确到 15 分钟。想要把一天 24 小时，过出 25 小时的质量，就要学会制订合理的计划，充分利用时间，并适度地执行，完成计划。

4. 放弃完美主义。

很多时候，我们越在乎完美，越容易被现实狠狠地打脸。比如突然有个很急的工作，需要整个部门加班到晚上 9 点，而你的计划是到点下班，8 点和朋友聚餐。于是你把工作丢给其他同事，准点下班去和朋友聚餐。同事由于不完全了解你的工作内容，没有把工作进行到位，领导发飙骂人。

要记住：自由不是随心所欲，而是自我主宰。而自我主宰的前提是，对事物的好坏和紧急程度有一定的判断。

5. 规律作息，保持良好的生活习惯。

规律的作息是我们保持身心健康的重要前提，需要我们极度重视。每天保持规律的作息，保证身体得到充分的休息；按时吃饭，保证身体得到足够的能量和营养供应；每周运动 4 — 5 次，使身体更有力量。没有很好的体力和精力执行，再完美的计划也会变得如白纸一般。

凡事提前 10 分钟，人人都能做到，容易到让人觉得它的作用不值一提。但是长久坚持下来，把它变成生活的一种习惯，变成生活的一部分，你会发现它能够带给你惊人的变化。

不仅是"凡事提前 10 分钟"，管理好、利用好自己的时间，我们也能够有时间为自己的梦想竭尽全力，用有限的时间做更多有意义的事，把生活过成自己最喜欢的模样。

技能管理：
学习是件很酷的事情

　　新冠肺炎疫情期间，一位在武汉方舱医院看书的年轻人走红了。从新闻图片中可以看到，那位尚在医院接受隔离治疗的年轻人，正躺在病床上，神情专注地阅读著名政治思想家弗朗西斯·福山的著作——《政治秩序的起源：从前人类时代到法国大革命》。弗朗西斯本人还在推特上转发了这条新闻。

　　他看书求知的表情专注而自然，很多人都被他良好的心态和修养感染，默默放下手机。有人拿起了自己收藏多年已落灰的书，发现重读的乐趣；有人重新开始复习买了很久还没看的考证教材，发现其实并没想象中那么难；有人铺开瑜伽垫开始进行室内运动，一段时间后发现肚子上的赘肉明显少了；有人开始学习厨艺，承包了一家人的一日三餐；有人重新拾起英语，直到能看懂不带中文字幕的美剧……

　　有没有人告诉过你，你认真学习的样子，真的很酷。生活

永远都在继续，挑战无处不在，想要一直都这么酷，想要做不被困境打倒的强者，那就记住：无论什么时候，都不要放弃学习。

春节假期不能串门走亲戚，于是便跟做房产经纪人的表妹视频，看到她身后书架上摆了一排有关 Python 的书，以为表妹要转行去做"程序媛"，正打算勉励她一番，表妹摇摇头表示，自己深耕房地产事业多年，怎能说转行就转行了。

表妹说自己最近的确在学 Python，我很疑惑，表妹继续学习，开发新的技能是好的，但是一个房地产经纪人不学外语、不学经济，学什么 Python 呢？

表妹说，自从她学了 Python 后，只需要坐在电脑前敲十几行代码，唰唰几秒就能爬取到房屋租赁信息，随时掌握市场数据和竞品销售情况。可谓"知己知彼，百战百胜"，表妹总是先于同行、以相对较低的价格拿到房源，又能以较高的价格卖出。她有了更多的时间服务客户，销售业绩大大提升。

Python 真的有这么厉害？好奇心驱使我去互联网上搜索了一下。原来在数据分析方面，Python 基本涵盖了"数据获取→数据处理→数据分析→数据可视化"等各个环节。

做数据分析的朋友告诉我，尤其在电商行业，敲几行代码，只需要等待 10 秒，就能获取竞品店铺的客户群、客单价、销售额、每日价格趋势分析，Python 甚至还能把这些答案可视化，自动绘制成数据报表。只需要花费以前三分之一的时间，就能收获比盲目埋头苦干好上两倍的效果。

在竞争激烈的互联网时代，只有不断更新自身技能的聪明人，才能把握住获得时代红利的机会。顺应趋势，加上不断学习，掌握时代发展所需要的技能，才能修炼出金刚不坏的综合免疫力，这也是一个人最强的竞争力。

当你抱怨工作遇到瓶颈、老板不给升职加薪时，记得反思一下自己：你有多长时间没学习了？职场中遇到瓶颈是不是因为你无法突破自身能力的天花板？老板不给升职加薪是不是因为你无法为公司创造更多的价值？当你在怨天尤人的时候，那些优秀的人还保持着下班后学习的好习惯。

我认识的一位自媒体朋友是新闻专业出身，毕业后进入一家媒体机构做记者。她一直有阅读、写作的习惯，大学时就经常写博客，后来出了微信公众号，她就开了自己的公众号，依然坚持阅读和写作，把自己对生活的感悟、对当下热点的评论、影评、书评等等都发到上面。

没想到，不久之后，她的公众号聚集了一批忠实读者，有人经常在文章后面评论，留下他们的感悟或者建议。更令她想不到的是，还有品牌找到她要谈商务合作，她接一单广告推广的业务就能赚七八千，而她一个月的工资也不过六千。

顺应趋势，加上不断学习，
掌握时代发展所需要的技能，
才能修炼出金刚不坏的综合免疫力，
这也是一个人最强的竞争力。

　　之后，陆陆续续有不同的公司找来寻求商务合作，她毅然提出辞职，当起了自由职业者，专心经营自己的微信公众号。如今的她工作很忙，但依然每天给自己空出两个小时的时间阅读，坚持做读书笔记。除此之外，她还报了写作班，提高自己的写作水平，并认真研究其他微信大号，学习微信公众号的运营方法。

　　两年后，她的月收入已经达到了 2 ～ 5 万，这个收入，是她之前工资的 3 ～ 8 倍，是她连想都没敢想过的数字。

　　现在，她作为大号创始人，已经成立了自己的公司，虽然规模不大，带领着十几个人做自媒体，但业务范围已经不局限于微信公众号，还扩展到了短视频领域。她说，我能迅速捕捉到微信公众号和短视频的风口，都得益于每天坚持学习。一开始自己也是什么都不懂，就跟着大 V 学习，初步掌握了之后再继续深入学习，发掘市场空白，做第一批吃螃蟹的人。内容创业就是如此，你不学习，时代就会抛弃你。

　　其实，不只是内容创业，所有的行业，不管是自己当老板还是为人打工，都需要我们不断更新自己的思维体系，保持思维常新的状态。

　　也许你已经是行业里的牛人、大 V，觉得别人都应该来向你请教，自己已经没有可学习的空间了。如果你真的这么觉得，那你就要为自己的未来担忧了。

想要毁掉一个人，就是让他觉得自己已经不用再学习了。如此他的世界观会越来越狭隘，他会变得故步自封，不仅失去了接受新知识和新观点的能力，更失去了继续学习的意识。**一直活在自我感觉良好的假象里，觉得自己的经验才是最重要的，那就只能等着被社会淘汰。**

如果你已经忘记了学习这件事，不知道该从哪里入手，不妨有意识地让自己先养成以下 3 个习惯：

1. 阅读复杂的文章和书籍。

保持每天阅读的习惯，阅读不只是指阅读纸质书籍，在互联网上阅读别人发表的文章、电子书也算。不过你要学会辨别。现今很多读物或平台，为了取悦人们的眼睛，会把复杂的内容层层过滤成低幼化的语言。原本很经典的一段话可能会被拆成 10 句。阅读这样的内容，我们只会获得短暂的认知快感，其他的什么也没有。

这里所说的"阅读复杂的文章和书籍"，是指让自己有意识地多读一些复杂的文本，锻炼自己从中挖掘知识点和隐形关系的能力。读书笔记就是对内容进行分析，将其图表化、框架化，这既可以锻炼大脑，又可以让自己更加系统、有效地学习。

2. 拒绝被动学习，培养自己的深度思考能力。

被动学习指的是只接受一个渠道、一个方向的信息，而且是不加思索地接受。这样下去，只会让自己的认知边界逐渐顽固化，深度思考能力也会停滞不前。看待一件事情，不应该只看事情所展现出来的那一面，也许那只是冰山一角。凡事持质疑的态度，看完别人的观点，自己再更深更广地思考一下，你的认知才不会被蒙蔽。

3. 把爱好培养成技能。

我经常会被问这样一个问题："在成为更好的自己之前，你更愿意为学习技能买单还是爱好买单？"我很讶异，怎么会有这样的问题？爱好和技能并不矛盾，在空闲时间培养起来的爱好，只要你足够努力，慢慢地也会变成可以傍身的一技之长。

想要升职加薪，那就去提高自己的技能；不想被时代的洪流抛弃，那就去提升自己的综合免疫力。不管是提高技能还是提高综合免疫力，都需要你保持持续学习的习惯。是时候跨出你的舒适区了，进入学习区，去成长为一个真正厉害的人吧。

与其把时间浪费在无谓的人和事上，不如让自己安静下来去学习。而且不论你想做什么、想学什么，从任何时候开始都不晚。别忘了，学习是一件比工作、社交更酷的事情。

社交管理:
好的朋友,是"麻烦"出来的

心理学家武志红在《巨婴国》中说:"很多人怕麻烦别人。但是,不麻烦彼此,关系也就无从建立。"

好的朋友都是相互"麻烦"出来的。今天你**"麻烦"我一下,明天我再"麻烦"你一下,这样相互帮助,彼此温暖,关系就在一次次的"麻烦"中更加亲密了。**

有一次陪妈妈看电视剧《少年派》,里面林妙妙的妈妈王胜男和钱三一的妈妈裴音第一次见面就火药味十足,直接怼得对方气到冒烟。后来,王胜男为了女儿高考,租下学校附近小区的房子住,没想到正好住在裴音家楼上。两个中年女人之间没有硝烟的战争开始了。王胜男包饺子剁馅儿声音大吵到了楼下的裴音,裴音上楼理论,被王胜男怼回家,于是就高声唱歌也制造噪音。

两人关系的转变是从裴音切菜切到手流血,又煤气开着火

好的关系从来不是单向的，
一定是互动的过程。

出去倒垃圾，结果不小心把自己锁在了外面开始的。裴音不得不去找王胜男借电话打给开锁师傅，王胜男一听，赶紧拉她进屋，给她的手消毒，还爬窗户帮她关火。这一连串"麻烦"下来，两人从仇人变成了闺密，互相聊起家常，王胜男送裴音红烧肉，裴音送王胜男面膜，两个人一起跑步，互相倾诉心事。

两个人关系的转变，编剧只用一集就交代完了。其实，现实中也是如此，哪有那么多的纠结，人类生活在社会中，难免要与其他人产生交集。**生活中总有麻烦别人的时候，人与人之间的关系就是在"互相"麻烦中靠近的。**

日本人素以"不麻烦别人"为执念。如果要去朋友家做客，大家都不会提前到，而是通常晚上几分钟，因为担心自己到早了对方还没有准备好，让对方觉得有压力。其实，在日本，这种思维已经不足为怪了。日本的孩子在一开始受教育时就会学习一门功课——《社会生活教育》，这门课的第一章第一节讲的就是"不能给人添麻烦"；让别人不舒服、担心、操心，都属于给人添麻烦。

日本人"不麻烦别人"的执念当然有它的历史和文化原因。但是，这在我们看来，未免显得人情冷淡。在我们的习惯中，去朋友家做客，朋友都会打电话叫我们早去，帮他一起张罗饭菜；会做菜的每个人做一道自己的拿手好菜，不会做菜的就帮忙洗菜、摆盘和刷碗。大家商业互吹或互怼一番，谈天说笑，一起享受食物的美好，好不快活，完全没有压力这个概念。

我们的社会文化讲究"礼尚往来"。早在3000年前，我们的先辈就在《礼记·曲礼》中讲道："礼尚往来，往而不来，非礼也；来而不往，亦非礼也。"今天你帮了我，我心怀感恩；下次你遇到困难，需要别人帮一把时，我必挺身而出。好的关系从来不是单向的，一定是互动的过程。

我的一个90后朋友去相亲，遇到了十分符合自己择偶标准的男孩，她听介绍人说男孩对自己的印象也很好。但是无奈两个人都不主动跟对方联系，于是关系就僵在了那里。

她当时的想法是，既然对方不主动，我一个女孩儿主动联系会不会显得太卑微？就算我主动联系，又该以什么借口联系人家呢？

估计那个男孩儿也是这么想的，所以两个人僵持不下，都在等着对方联系自己。朋友们给她的建议是：现在都2020年了，女生应该主动把握自己的幸福，而不是只会被动地接受；如果觉得有把握，不去试一下就太可惜了。如果想不出什么自然的理由，那就找件事情，麻烦他帮忙。正好朋友当时要搬家，需要帮手，便叫了那个男孩儿帮忙。后来，那个男孩儿又请我

"麻烦"是人与人之间关系的催化剂，
彼此麻烦，有来有往，
感情便会渐渐深深厚起来。

的朋友帮忙给他妈妈选母亲节礼物……一来二去，二人的关系迅速升温。果然，"麻烦"是人与人之间关系的催化剂；彼此麻烦，有来有往，感情便会渐渐深厚起来。

懂得适时适度地求助，是一种社交智慧。

心理学研究表明，每个人都有被别人需要的心理需求；而在帮助别人且被人感谢的过程中，就会产生一种满足和成就的愉悦感。根据马斯洛的需求理论，一个人向另一个人求助时，会给对方一种被信任和被需要的感觉，这两种感觉能提高对方的价值感、存在感和幸福感。因此，对方会很开心被求助，也很愿意帮助需要帮助的人。

我有一个朋友是社交达人，人脉很广，似乎每个人都跟他关系很好，每次朋友聚会，他都稳居 C 位。

我向他请教秘诀。原来他的秘诀就是适时适度地请别人帮忙，同时，自己也要心怀感恩，懂得回馈。"麻烦"不能随便找，这里"适时"的意思是，求助要在朋友有时间帮忙的时候。明明知道朋友忙得不可开交，自顾不暇，还去麻烦人家，只会给朋友带去压力和烦恼。"适度"的意思是，求助朋友的事情，要在朋友力所能及的范围内，让朋友耗费过多的时间、精力甚至财力，那就真的是给朋友带去麻烦了。

　　反观我自己，经常抱着"尽量不给别人添麻烦"的心态，所有事情都自己扛，把"找朋友帮忙"当成是下下策。常常害怕因为麻烦别人，而引得别人心中生厌，自己的朋友会越来越少，社交圈会越来越窄。其实，适时适度的求助，是增进两个人之间关系的润滑剂，也是拓展人脉的助推器。

　　像我这样的人，交友观和为人处世之道通常是"能帮别人的就帮，能不麻烦别人就不麻烦别人"，然而，这样做的结局往往是两种：

　　一种是，在面对朋友的需求时，我们永远招之即来，慷慨相助；但是自己遇到事情，只是默默地一个人解决。久而久之，对方对这种单方面的相助由一开始的感激变成了习以为常，我们自己的心里就会产生一种不平衡感，但是这种不平衡感却违背了我们"只帮别人，不求回报"的为人处世之道，其结果就是要么在背后吐槽朋友，要么压抑心中的不快，维持表面上的友好。然而，时间久了，我们总有一天会爆发，最后，大家只会闹个不欢而散。

　　另一种是，对于我们单方面的热心帮助，对方没有机会回馈我们，于是朋友便会产生一种压力感。慢慢地，朋友再遇到什么事情，就不会再"麻烦"我们了。这样下去，我们与朋友之间的关系就会越来越淡，最后只能是渐行渐远。

　　好的朋友，不只是"麻烦"出来的，更是互相"麻烦"出来的。只有互相"麻烦"出来的朋友，才是真心实意、值得我们交往的朋友。

　　翻翻你的通讯录，与其抱怨没有几个可以交心的朋友，不如看看那些你明明想继续交往但是却快要"断交"的朋友，打个电话或者发个微信，"麻烦"你的朋友一下吧！

效率管理：
最好听的一句话是"我可以"

我见过的所有获得高效人生的人，他们有的早就实现了准点下班的日常，有的一年能升职加薪两次，有的一把年纪了还能把跨界转行玩得得心应手……

他们之所以能够获得高效的人生，不是因为有头脑，不是因为运气好，只是因为遇到事情，他们会第一时间告诉自己"我可以""我能行"，然后付诸行动，努力把后面的事情做到位，结果自然水到渠成。

纵使世界上有 100 种高效工作的方法，然而，在工作的开始，左思右想，反复纠结，迟迟不动，错过了最佳时机，后面有再神奇的高效工作法也无济于事。

对于我们自己，最好听的一句话就是"我可以"，它就像一支能使我们的心理瞬间变强大的强心剂，只有立刻去做，才能得到想要的一切。**对于领导或下属，最好听的一句话是"我可以"，它就像一颗能使领导放心、下属安心的定心丸，有行动力者，才能事竟成。**

去年国庆小长假，我去泰国看望在清迈工作的好朋友，没想到在飞机上偶遇了读研时期的同门师兄 S。多年未见，S 已经是公司的中层领导，西装革履，看起来专业度很高的样子。这次他去泰国是为了洽谈一个很重要的项目。与 S 简单聊了几句后，他晃了晃手中的 iPad，对我说："师妹，不好意思，我有些前期工作要先处理一下。等我到清迈咱们再一块儿吃个饭，好好聊聊。"之后，他便如同在自己的办公室里一样，看着 iPad 上那些令人眼花缭乱的图表，时不时向身边的助理抛出问题，根据助理的回答，迅速反应，做出决断，告诉助理下一步工作的重点放在哪里。

我们再见面已是三天后，S 换了一身休闲装，还开玩笑说："工作已经解决了 90%，剩下的收尾工作交给助理，我的出差模式可以切换成度假模式了。"基于对他的了解和他在飞机上的工作状态，我毫不惊讶："师兄工作起来真是拼，我们凡人是无法匹及了。"

S 摇摇头，说他之所以能高效地完成工作，并非自己有多拼，只是他坚持立即行动的习惯。在需要做决策的时候，**一句"我可以"胜过花时间去反复思考。实在不能决定的，**

就让下属去搜集相关资料。如果遇到事情，总是说"我想我可能做不到"或者"想想再说"，不仅自己，整个团队都会陷入拖延状态。而且，这也侧面反映了你的准备不充分，没有底气说出"我可以"。好项目是不会等你做好准备的，你不做，总有人会说"我可以"。**遇到事情，立刻去做的人才能得到一切。**

S 的一席话惊醒了我，作为一名自由职业者，最怕的就是工作低效、进度缓慢，我常常为了如何卓有成效地过好每一天而绞尽脑汁。我也学习过很多高效工作法，比如番茄工作法、四象限工作法、SMART 工作法、OKR 工作法等等，但却忘了最首要的原则——"我可以"比"我想我可能做不到"有效 10倍。时间效率管理专家张萌在她的《人生效率手册》中提到，提高目标执行力就是提升效率。

经常有客户给过来一些涉及我不擅长领域的案子，我总是犹豫再三，最后以"我再想想"不了了之。在客户那里，"我再想想"基本等于"我做不了"。其实，"敢"比"会"更重要。不要总是先入为主地认为自己做不了，很多时候，我们做不了不是因为我们不会，而是因为我们不敢。机会就是在我们不敢说出一句"我可以"的时候溜走的。研究表明，敢于接受任务的人往往更乐观。这种乐观是指既不拘泥于过去，也不会被未来的不安击溃，只让自己聚焦于当下的状态。在这种状态下，

在需要做决策的时候，
一句"我可以"胜过花时间去反复思考。

我们才能果断地做出决策，积极地付诸行动。

就算因为客户的信任，我有幸得到了那个案子，**"我再想想"也是一种负面的心理暗示，时时提醒自己"你可能做不到"，便会陷入拖延的死循环中。**其实，每个人都有自己擅长的事情，也都有自己的短板。如果只做自己擅长的事情，对于自己的短板一味规避，只会让擅长的事情更擅长，短板变得更短，这无益于我们的全面发展，更无益于成长。

放弃锻炼自己的机会等于放弃自我成长。面对机会，一句"我可以"，并且及时地采取行动，我们才能有效地利用机会，实现自我成长。关于提升目标执行力的效率管理，我盘点了 5 种可利用的方法。

1. GTD 时间管理法。

GTD 就是 Getting Things Done 的缩写。GTD 时间管理法的精髓在于，你要对自己所做出的计划进行时间管理，其根本是通过外在的工具和技术，将那些可能让你心烦意乱的工作安排，从你的大脑里移出去，使大脑保持轻松愉快的状态，再去一件一件地解决事情。

GTD 时间管理法还有一个"两分钟处理原则"。如果你能在两分钟内解决一件事情，那就马上处理，不要拖延。因为这是清理、释放自己大脑内存最有效的方法。释放大脑内存可以使其保持轻松愉快的状态，从而提高工作和生活的效率和质量。

2. 逆向思维法。

在我们做计划时，大多数人都是想着先做什么，再做什么。逆向思维法则是从要达到的目标开始，反过来思考，为了达到目标自己需要做什么；而在做到那一点之前，自己又需要做哪些准备。这种逆向思考的方式，可以让我们更好地把握自己的时间，提高时间的利用率。

在工作中，我们经常需要做计划，逆向思维法可以帮助我们避免浪费很多时间在不必要的事情上。

3. 问题导向法。

问题导向法就是在执行计划时，不断地向自己发问，根据问题来确认目标，制订规划。比如，你可以问自己：这样的流程是否规范？这样的操作是否高效？这样的解决方案是否合理，有没有更好的可能性？这样的结论是否全面，有没有反例，有没有特殊例子？……

问题导向法的本质，是利用我们的好奇心和内在驱动力，推动自己向目标前进。这样做，有助于提升我们的执行效率和续航能力，也有助于将复杂的计划简单化。

4. 吃青蛙工作法。

美国时间管理大师博恩·崔西在《吃掉那只青蛙》中说：

"如果你每天早晨第一件事就是吃掉一只活青蛙,那么你会欣喜地发现,今天没有什么比这更糟糕的事情了。"我对这句话的理解是,先解决和执行难度更大、更重要的任务。

这与心理学有关。如果任务多,我们的心里就会一直存在来自任务的压力,而重要且难度大的任务会给我们带来更大的心理负担和畏难、焦虑的情绪,我们很容易不自觉地逃避和拖延。无法整理心底的杂乱,不断地纠结和左右彷徨,就这样把时间浪费了大半。

所以,博恩·崔西建议人们要迎难而上,勇敢地吃掉那只最大的青蛙,之后的其他问题就都能迎刃而解了。如果你有两个任务,一个只需花 30 分钟就能完成,一个则需要花 90 分钟,那就优先去完成需要花 90 分钟的任务吧。

5. 10 秒心智转变法。

面对任务时,如果任务或计划比较棘手,我们往往会产生焦虑不安的情绪,这种情绪会拖慢我们的脚步,让计划变得难以开始。如果你感到焦虑不安,那就去行动,用行动来赶走不安的情绪。

10 秒心智转变法就是用 10 秒钟的时间,让自己舍弃不必要的想法或事物,专注于当下并保持立刻行动的意志。10 秒就行动的人会把精力集中在当下的每分每秒,而且对当下能做的事情有清楚明白的认知。

　　一句"我可以"是最好听的话，也是改变我们人生的钥匙，它让当下每个行动和发生的事情，充满无限的意义。它让我们拥有面对当下的强大免疫力，让我们在困难面前无所畏惧。

　　三毛说："等待和犹豫是这个世界上最无情的杀手。"我们需要时刻记住，不管面对什么事情，最重要的是让事情跑起来，即使事情的开始并不如你所愿。别被一些不必要的想法或事物缠住手脚，行动起来，我们会发现没有任何行动是白费的。

心态管理：
选择一种心态，就是选择一种生活方式

  30 岁以后，我发现身边的很多朋友，纷纷拿起书考起了公务员。没有考公务员的，也开始向往一份公务员那样"安稳"的工作。要知道，大学毕业择业、找工作的时候，他们都是不愿意为体制内的工作低下高贵头颅的人。

  尤其是在 2020 年新冠肺炎疫情发生之后，很多行业都受到了冲击，有人连续两三个月都只拿到了底薪，有人失业了，有人面临着公司倒闭的危机……很多人开始后悔当初择业时没听父母的话，选择一份稳定的职业。

  其实，人人都有焦虑感和危机感，对于内心强大的人来说，这是一件好事，焦虑感和危机感能激发我们的进取心，淬炼出更成熟强大的心态。**未来哪怕有再大的风暴来临，强大的内心也会赋予我们同样强大的综合免疫力，我们依然能把平凡的生活过得精彩可贵。**

而内心脆弱的人总是会焦虑和担心过度，把过多的精力耗费在担心和焦虑上，而不是努力进取。其实，新冠肺炎疫情只是放大了人们的这种心理；就算没有疫情，不论在什么时代，不管从事什么工作，内心脆弱的人也会杞人忧天。

当然，没有人生来就有强大的内心，一个人的内心强大与否，固然跟他的生长环境有直接关系，但是我们已经是一个心智成熟的成年人了，应该明白，内心的强大和脆弱，更多在于自己的选择。选择一种心态，就是选择一种生活方式。

我有个朋友Z是小语种专业出身，毕业后在二三线城市做起了外贸，平时的工作内容是发发电子邮件维系客户，给外国采购商报价、寄样品等等。平均每年去不同的国家出一趟差，差旅费丰厚；出差内容要么是参加展会，要么是开发新客户或拜访老客户。在父母眼里，Z的工作就是每天坐在电脑前发发邮件，什么也不用干，每个月就有一两万的工资到账。在他人眼里，Z的工作就是一年一次免费豪华高规格出国游的"假出差"，工作福利远高于一般业务员。

然而Z自己却过得并不开心，原因是他认为业务员或销售工作也是吃青春饭的，一旦过了35岁，再想有新的突破已经不可能了。而那时候，上有老、下有小的他肯定比不过敢想敢干的年轻人。现在的他刚过30，家里刚添了新成员，原本正是应该充满干劲的时候，但是他的言谈间却满是对未来甚至对于养老的焦虑情绪。他很羡慕当公务员的同学，可以有份稳定的工作。然而，真的让 Z 去做公务员，领着他现在收入一半的薪水，每天做着机械化的工作，他又会觉得浪费自己的人生。

其实，Z 的问题的症结不在于做什么类型的工作，而在于心态。

业务员或销售工作做得好的人，会努力研究国外采购商的采购心理，研究世界经济趋势，不断扩充自己手里的客户资源，他们每月的收入真的会"无上限"。而且这些努力都不是白费的，即使不从事这一行，做其他与经济领域相关的工作，他们也一样能得心应手。

公务员的收入虽然不高，但胜在稳定，且压力小。工作之余的时间，可以精进学习，深挖自己感兴趣的领域。曾经遇到过一位摄影师，他的本职工作是网警。一开始，他对摄影也一窍不通，听朋友的推荐，买了台单反相机，开始利用下班后的时间自学摄影。两年后，就有人找来约拍写真了。

体制外和体制内的工作都没有错，也都不可怕，真正可怕的是一心求稳定、拒绝学习和改变的脆弱心态。如今这个时代，到处都是机会，同时也埋伏着危机。当危机来临时，还抱着一心求稳定、拒绝学习和改变的心态，会导致你的抗风险能力极

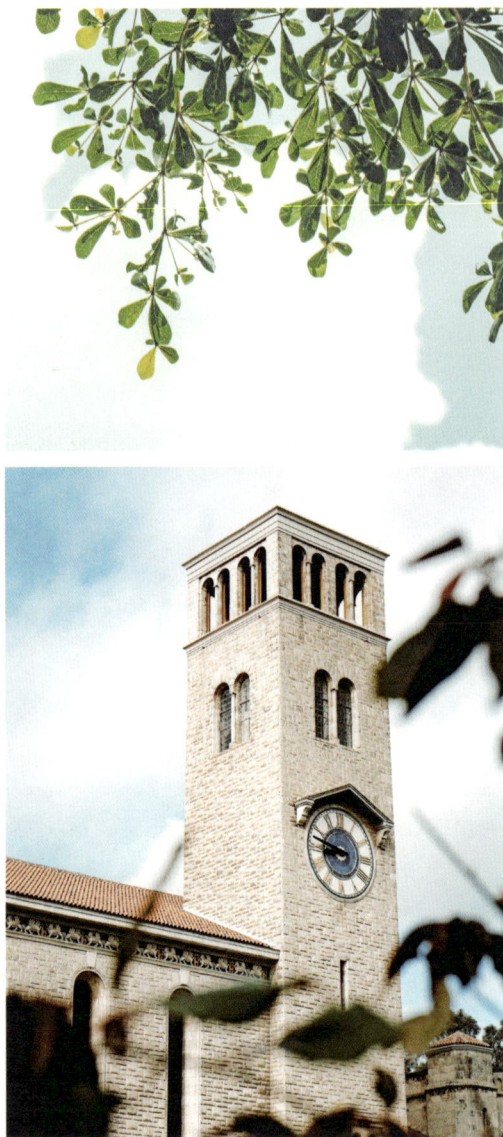

我们能做的，就是修炼出强大的内心，
提高自己的综合免疫力，提高自己的抗风险能力，
让自己变得坚韧无比。

低，综合免疫力极差，从而让自己付出很大的代价。

一味地选择求稳定、拒绝学习和改变的心态，你就会沉溺于自己的舒适圈里。

美国最强大的海军三栖特战队"海豹突击队"有一句很有名的警句："Get comfortable being uncomfortable."军人要求自己时刻保持习惯不舒适的心态，方能享受人生。对于常人，这句话也很适用。一直沉溺在舒适圈里的人，早就习惯了舒适，变得没有勇气挑战自己；慢慢地，就会演变成没有能力挑战自己。李开复在《奇葩大会》中介绍人工智能概念的时候就说过："未来 10 年，50% 的人将要失业。"大概那 50% 的人就来自一直沉溺在舒适圈的那部分人吧。

选择积极进取的强大心态，也就意味着你选择了走出舒适圈的生活，开始试着习惯不舒适。也许一开始，你走得很不顺利，甚至一度想走回舒适圈。那么试着减慢自己的步伐，先走一小步或者再多坚持 1 分钟，然后再开始下一步，下一分钟。等你慢慢地坚持下来了，再回头看，会发现自己已经走出了很远。**当你习惯了不舒适，你会发现，积极进取的强大心态给你带来的是质的变化。这就是成长和蜕变。**

在这个科技飞速发展的时代，任何所谓的"稳定"工作，都有可能被颠覆。

我们能做的，就是修炼出强大的内心，提高自己的综合免疫力，提高自己的抗风险能力，让自己变得坚韧无比。怎样才能让自己保持积极进取的强大心态呢？

1. 是时候开启自己的斜杠人生了。

"斜杠青年"是 2019 年非常流行的一个词，指的就是有多重职业和身份的人才。除了本职工作的收入，拥有斜杠能力的人还能通过开发其他才能，打造个人品牌价值，从而拓展出另外的收入渠道。

找出自己爱好的事情，下班后少看手机，每天投入一点时间在上面，再充分利用微信公众号、微博、短视频等平台，慢慢积累。也许有一天，你会突然发现，你的"睡后收入"比你的本职收入还要高！对你来说，本职工作的收入由维持生活的重要收入变成了你的托底收入，这时候，你还会担心自己失业吗？

2. 遇到瓶颈，别着急，保持冷静。

不管你是创业被撤资，还是职场晋升之路举步维艰，都要提醒自己："稳住！别着急，保持冷静！"把职业发展遇到的瓶颈，当成是上帝赏赐你的一个假期，放慢脚步，等待逆势成长的机会。这就是所谓的"有钱赚时赚钱，没钱赚时蓄能"。如果你遭遇了职场发展瓶颈期，请时刻记住，重要的不是接下来立刻就要赢，而是现在不能输。坚持下去，爱拼总会赢。

3. 与其羡慕别人，不如凭本事逆袭和超越。

我们往往只看到了别人生活中光鲜亮丽的一面，却忽视了所有的光鲜亮丽背后，都有我们想象不到的艰辛和努力。没有谁的钱是大风刮来的，所有财务自由的背后都是努力奋斗的坚持。不要总是羡慕别人的成功和富裕，自怨自艾自己生不逢时。把自己羡慕和嫉妒别人的时间，都拿去努力奋斗，下一个逆袭和超越人生的主角就是你。

保持积极进取的强大心态，把生活和工作中的任何挑战都当成自我提升的机会，提升自己的行动力，保持身心健康，这是通往高级自由人生的必由之路。

当你选择了让自己强大起来，你就会变得很强大。没有人能提前预测未知的风险，唯有选择强大的心态，提升自身的综合免疫力，才能在生活中立于不败之地。